중학생이
꼭 알아야 할

개정판

Point Pup

영단어

중학생이
꼭 알아야 할

개정판

Point up

영단어

이승원 · 이해정 감수

창
Chang
Books

국립중앙도서관 출판시도서목록(CIP)

(중학생이 꼭 알아야 할) point up 영단어 / 감수 :
이승원, 이해정. — 개정판. — 서울 : 창, 2013 p. ; cm
본문은 한국어, 영어가 혼합수록됨
ISBN 978-89-7453-213-0 53740 : \10000
영어 단어[英語單語]
영어(교과과목)[英語]
744-KDC5   CIP2013026562

중학생이 꼭 알아야 할 ⋯⋯⋯⋯
중학 Point Up 영단어(개정판)

2014년 1월 15일 개정판 1쇄 발행
2021년 3월 25일 개정판 5쇄 발행

감수자 | 이승원 · 이해정
펴낸이 | 이규인
편 집 | 박선영
펴낸곳 | 도서출판 **창**
등록번호 | 제15-454호
등록일자 | 2004년 3월 25일

주소 | 서울특별시 마포구 대흥로4길 49, 1층(용강동, 월명빌딩)
전화 | (02) 322-2686, 2687 / **팩시밀리** | (02) 326-3218
홈페이지 | http://www.changbook.co.kr
e-mail | changbook1@hanmail.net

ISBN 978-89-7453-213-0 53740

정가 10,000원

중 학생 여러분은 지금 국제화 시대에 살고 있습니다. 여러분과 영어는 뗄래야 뗄 수 없는 불가분의 관계입니다. 이러한 시대 상황을 고려하여 제작된 이 책에서는 7차 교육과정의 기본 어휘표와 중학교 교과서를 총망라하여 중학교 교과과정에 맞추어 중학교 1, 2학년 수준의 중요단어 655개와 중학교 3학년 수준의 필수단어 645개를 합하여 20년 이상 입증된 핵심단어만을 골라 1,304단어와 필수 영숙어로 재구성하여 '중학 point up 영단어(개정판)'을 내게 되었습니다. 영어공부에서 가장 큰 걸림돌이 되는 것은 어휘 즉, 단어입니다. 문법과 독해는 그리 오래 걸리는 공부가 아닙니다. 어휘에 투자해야 할 부분이 전체 영어학습 시간의 3분의 2이상을 차지합니다. 그러한 어휘학습의 효과를 높이기 위해 이 책에서 다음과 같이 분류하였습니다.

Part I 반드시 외워야 할 중요단어
Part II 반드시 알아야 할 필수단어
Part III 꼭 알아야 할 기본 필수 영숙어

이와 같이 세 개의 Part로 분류한 후 중요도에 따라 Part I 과 Part II에서 명사, 형용사, 부사, 전치사, 접속사 순으로 알기쉽게 배열하였으며, Part III에서 가장 기본적인 필수 영숙어를 수록하였습니다. 또한 단어를 쉽게 외우도록 생생하고 유익한 구절과 참신한 예문만을 엄선하여 최신의 주요 영영사전과 인터넷의 자료를 참조하여 실었으며, 단어의 뜻도 영영사전에서 직접 옮겨 왔을 뿐만 아니라 기본뜻 외에 반의어, 동의어, 파생어 및 동사의 변화도 함께 실었습니다. 그리고 중요한 단어는 'tip'을 만들어 강조했습니다. 따라서 본서에 표시되어 있는 체크박스를 체크하면서 매일 조금씩 외우면 보다 능률적으로 단어학습을 할 수 있으며, 어느새 단어왕이 되어 있을 것입니다. 지금부터 기존의 단어공부에서 한층 Point up 하여 중학생 여러분의 영어학습도 향상시켜 보십시오.

참고로 이 책을 공부하는 데 필요한 사용기호를 알아보면,
명 → 명사 **동** → 동사 **형** → 형용사 **부** → 부사 **전** → 전치사 **접** → 접속사
비 → 비슷한 말 **반** → 반대말 **활** → 동사 삼단 변화(현재-과거-과거분사)
형용사 · 부사(원급-비교급-최상급) □번호 순서대로 체크하면서 외우는 표시.

어디에서나 들으면서 암기할 수 있도록 원어민의 정확한 발음으로 제공되는 MP3 파일로 한층 학습효과를 높일 수 있습니다.
무료다운 → http://WWW.changbook.co.kr

Point up 영단어

Part I

반드시 외워야 할

중요단어

Day01 ~ Day25

1
□ education 몡 교육

[èdʒukéiʃən]
* receive an education 교육을 받다
* Education can enrich your life.
  교육은 삶을 풍성하게 할 수 있다.

2
□ symbol 몡 상징, 심벌, 기호

[símbəl]
* phonetic symbol 발음 기호
* A lily is the symbol of purity.
  백합은 순결의 상징이다.

3
□ effect 몡 결과, 영향, 효과

[ifékt]
* cause and effect 원인과 결과
* The medicine took instant effect.
  그 약은 즉시 효력을 나타냈다.

4
□ liberty 몡 자유(비 freedom), 해방

[líbərti]
* at liberty 자유로, 마음대로 ~해도 좋은
* Down to Liberty Square.
  자유광장 아래입니다.

5
□ affair 몡 사건, 일

[əfɛ́ər]
* a small affair 작은 일
* I washed my hands of that affair.
  그 사건에서 손을 놓았다.

6
□ comfort 몡 안락, 쾌적함

[kʌ́mfərt]
* live in comfort 안락하게 살다
* She was a great comfort to him.
  그녀는 그에게 큰 위안이었다.

7
□ tradition
[trədíʃən]

명 전통, 전설

❖ follow tradition 전통을 따르다
❖ Korea has the greatest tradition.
한국은 훌륭한 전통을 가지고 있다.

8
□ culture
[kʌ́ltʃər]

명 문화, 교양

❖ advance of culture 문화의 발달
❖ He is a man of culture.
그는 교양 있는 사람이다.

9
□ experience
[ikspíəriəns]

명 경험, 체험   동 경험하다, 체험하다

❖ a man of experience 경험가
❖ All knowledge rests on experience.
모든 지식은 경험에 의존한다.

10
□ subject
[sʌ́bdʒikt]

명 학과, 주제, 주어

❖ get the hang of a subject
주제의 의미를 파악하다
❖ Let's change the subject. 주제를 바꾸자.

11
□ object
[ábdʒikt / ɔ́b-]

명 물건, 목적, 목표   동 반대하다

❖ attain one's object 목적에 도달하다
❖ Now he had no object in life.
이미 그는 인생에 아무런 목적이 없었다.

12
□ source
[sɔːrs]

명 출처, 근원

❖ a news source 뉴스의 출처
❖ Greece is the source of many European cultures. 그리스는 유럽 문화의 근원이다.

13
□ revolution
[rèvəlúːʃən]

명 혁명, 혁명적인 사건   동 회전하다

❖ a revolution breaks out 혁명이 일어나다
❖ The French Revolution took place in 1789.
프랑스 혁명은 1789년에 일어났다.

14
□ **pollution** 　명 오염, 공해 　동 오염시키다

[pəlúːʃən]
- ❖ noise Pollution 소음공해
- ❖ Pollution is our enemy.
  공해는 우리의 적이다.

15
□ **system** 　명 조직, 체계, 제도

[sístəm]
- ❖ reform a system 제도를 바꾸다
- ❖ How does the system work?
  그 체제가 어떻게 작동합니까?

16
□ **triumph** 　명 승리(비 victory), 업적, 대성공

[tráiəmf]
- ❖ a perfect triumph 완전한 승리
- ❖ The play was a triumph.
  연극은 대성공이었다.

17
□ **communication** 　명 전달, 통신, 교통

[kəmjùːnəkéiʃən]
- ❖ means of communication 교통 기관
- ❖ All communications are down.
  모든 통신은 두절되어 있다.

18
□ **foundation** 　명 기초, 토대, 설립

[faundéiʃən]
- ❖ set up a foundation 기초를 확립하다
- ❖ The foundation is secure[solid].
  기초가 튼튼하다.

19
□ **glory** 　명 영광, 명예 　형 영광스러운

[glɔ́ːri]
- ❖ win glory 명예를 얻다
- ❖ She got all the glory.
  그녀는 모든 영예를 얻었다.

20
□ **situation** 　명 위치, 사태, 상황

[sìtʃuéiʃən]
- ❖ a difficult situation 곤란한 처지
- ❖ I apprehended that the situation was serious. 사태가 심각함을 깨달았다.

21
□ **competition** 🕮 경쟁, 시합
[kàmpətíʃən]
* the Olympic competition 올림픽 경기
* There is a keen competition between the two. 두 사람 사이에 경쟁이 심하다.

22
□ **prairie** 🕮 대초원
[préəri]
* the vast prairies 광막한 초원
* Prairies stretch as far as the eyes can see. 대초원이 끝없이 펼쳐져 있다.

23
□ **effort** 🕮 노력
[éfərt]
* with an effort 애써서
* The success spurred him to use more effort. 성공에 고무되어 그는 더 노력했다.

24
□ **section** 🕮 부분(🕮 part), 구역
[sékʃən]
* an underlined section 밑줄 친 부분
* Check Section 7. 7구역을 확인해 보세요.

25
□ **rein** 🕮 고삐 🕮 제어하다
[rein]
* on a long rein 고삐를 늦추어
* He reined in his horse. 그는 고삐를 당겨 말을 세웠다.

26
□ **solution** 🕮 해답, 해결, 용해
[səljú:ʃən]
* think out a solution 해결책을 생각해 내다
* The extreme solution? 최후의 해결책은?

Tip

effort 어원 e(밖으로)+fort(강한) → 힘을 내다
참고 a vain effort 헛된 노력 유의어 try 시도

27

□ **honor** (명) 명예, 경의 (동) 존경하다

[ánər / ɔ́n-]

❖ an honor to a family 한 집안의 영광
❖ We regard it as an honor.
우리는 그것을 명예로 알고 있다.

28

□ **unity** (명) 통일, 일치

[júːnəti]

❖ national unity 거국일치
❖ The story lacks unity.
그 이야기는 통일성이 결여되어 있다.

29

□ **population** (명) 인구, 주민

[pὰpjuléiʃən]

❖ a rise in population 인구의 증가
❖ Population tends to concentrate in large cities.
인구는 대도시에 집중하는 경향이 있다.

30

□ **direction** (명) 방향, 지시, 감독

[dirékʃən / dai-]

❖ angle of direction 방위각
❖ The dog ran in the direction of the school.
개는 학교 쪽을 향하여 달렸다.

31

□ **dialog** (명) 대화(비 dialogue)

[dáiəlɔ̀ːg / -làg]

❖ the Dialogs of Plato 플라톤의 대화편
❖ Listen to each dialog and choose the appropriate advice.
각 대화를 듣고, 적절한 충고를 고르세요.

32

□ **republic** (명) 공화국

[ripʌ́blik]

❖ a constitutional republic 입헌 공화국

❖ Our country is an independent republic.
우리 나라는 독립 공화국이다.

33
□ method [명] 방법, 방식

[méθəd]

❖ a method of learning English
영어 학습법
❖ I find this method very satisfactory.
나는 이 방법이 아주 만족스럽다.

34
□ decrease [명] 감소 [동] 감소하다([반] increase 증가하다)

[díːkriːs, dikríːs]

❖ be on the decrease 감소하고 있다
❖ Are your sales decreasing?
당신의 판매고가 감소하고 있습니까?

35
□ amount [명] 총액, 액수 [동] (총계가)~이 되다

[əmàunt]

❖ reach a colossal amount
엄청난 액수에 달하다
❖ The total did not amount to much.
총액은 그리 많은 액수가 아니었다.

36
□ ancestor [명] 선조, 조상([반] descendant 자손)

[ǽnsistər / -səs-]

❖ be ancestor to ~의 조상이다
❖ His ancestors came from Spain.
그의 선조는 스페인 출신이다.

37
□ voyage [명] 항해 [동] 항해하다

[vɔ́iidʒ]

❖ on the next voyage 다음 항해에
❖ Life is often compared to a voyage.
인생은 흔히 항해에 비유된다.

38
□ sculpture [명] 조각, 조소

[skʌ́lptʃər]

❖ ancient sculpture 고대 조각
❖ The sculpture is being painted.
조각에 칠을 하고 있다.

39

☐ **instrument** 몡 기계, 기구, 도구

[ínstrəmənt]
- ❖ a precise instrument 정확한 기계
- ❖ The instrument has different uses.
  그 기구에는 여러 가지 용도가 있다.

40

☐ **figure** 몡 숫자, 계산, 모습, 인물

[fígjər / -gər]
- ❖ do figures 계산하다
- ❖ He is poor at figures.
  그는 숫자에 약하다.

41

☐ **activity** 몡 활동, 활약

[æktívəti]
- ❖ furious activity 왕성한 활동
- ❖ What kind of club activity do you like?
  어떤 클럽 활동을 좋아하세요?

42

☐ **cause** 몡 원인, 이유 동 야기하다, 일으키다

[kɔːz]
- ❖ inquire into the cause 원인을 조사하다
- ❖ What is the cause of the problem?
  문제의 원인은 무엇인가?

43

☐ **worth** 몡 가치 형 ~에 가치가 있는

[wəːrθ]
- ❖ be worth little 거의 가치가 없다
- ❖ This book is worth reading.
  이 책은 읽을 만한 가치가 있다.

44

☐ **accident** 몡 사고(비 incident), 사건, 우연

[æksidənt]
- ❖ a railroad accident 철도 사고
- ❖ I was there by accident.
  나는 우연히 그곳에 있었다.

45

☐ **adventure** 몡 모험, 모험심 동 위험을 무릅쓰다

[ædvéntʃər / əd-]
- ❖ a story of adventure 모험 소설
- ❖ He is full of adventure.
  그는 모험을 좋아한다.

46
□ **view**   몡 경치(비 sight), 의견

[vju:]
* take a wrong view of 그릇된 견해를 가지다
* It has a lovely view.
  아름다운 경치를 가지고 있어요.

47
□ **relative**   몡 친척   휑 관계있는

[rélətiv]
* a near relative 가까운 친척
* One of my relatives lives in New York.
  나의 친척 중 하나는 뉴욕에서 산다.

48
□ **superstition**   몡 미신, 미신적 습관

[sù:pərstíʃən]
* popular superstitions 민간의 미신
* She doesn't believe in superstitions.
  그녀는 미신을 믿지 않는다.

49
□ **habit**   몡 습관, 버릇, 기질

[hǽbit]
* out of habit 습관에서
* You should develop a reading habit.
  너는 독서 습관을 익혀야 한다.

50
□ **wealth**   몡 부, 재산

[welθ]
* come to wealth 부자가 되다
* Health is above wealth.
  건강이 부보다 중요하다.

51
□ **treasure**   몡 보물, 귀중품

[tréʒər]
* national treasure 국보
* Look at these treasures!
  이 보물들 좀 봐!

52
□ **universe**   몡 우주, 전세계

[júːnəvə̀ːrs]
* the whole universe 온누리
* What does the universe look like?
  우주는 어떻게 생겼는가?

53

□ **adult**　　명 어른, 성인　　형 어른의(비 grown-up)

[ədʌ́lt / ǽdʌlt]
* grow into an adult 장성해서 어른이 되다
* Her habits continued into adult life.
  그녀의 버릇은 어른이 되어서도 고쳐지지 않았다.

54

□ **feast**　　명 축제, 향연

[fiːst]
* give a feast 잔치를 베풀다
* It is a rich feast. 잔치가 걸다.

55

□ **resources**　　명 자원, 수단

[risɔ́ːrsiz / -zɔ́ːrs]
* exploit natural resources
  천연 자원을 이용하다
* The country is rich in natural resources.
  그 나라는 천연 자원이 풍부하다.

56

□ **ruin**　　명 파멸, 폐허　　동 파멸시키다

[rúːin]
* in ruins 폐허가 되어
* Ruin stared him in the face.
  파멸이 그의 코앞에 들이닥쳤다.

57

□ **monument**　　명 기념비, 기념물

[mɑ́njumənt
/ mɔ́n]
* a natural monument 천연 기념물
* This monument was built to honor the
  founder. 이 기념비는 창립자를 기념해서 세워졌다.

58

□ **information**　　명 정보, 지식, 통지

[ìnfərméiʃən]
* ask for information 문의하다
* I have sufficient information.
  나는 충분한 자료를 가지고 있다.

59

□ **appetite** 명 식욕, 욕구

[ǽpitàit]
- ❖ have a good appetite 식욕이 왕성하다
- ❖ This will spoil your appetite.
  이것은 당신 식욕을 떨어뜨릴 겁니다.

60

□ **stethoscope** 명 청진기

[stéθəskòup]
- ❖ apply a stethoscope 청진기를 대다
- ❖ The doctor examined him with a stethoscope. 의사가 그를 청진기로 진찰했다.

61

□ **mystery** 명 신비, 불가사의, 추리소설

[místəri]
- ❖ be wrapped in mystery 신비에 싸여 있다
- ❖ She is a well-known writer of mystery books. 그녀는 이름난 추리소설 작가이다.

62

□ **thermometer** 명 온도계

[θərmámitər]
- ❖ a maximum thermometer 최고 온도계
- ❖ The thermometer reads 70 degrees.
  온도계는 70도를 나타내고 있다.

63

□ **burden** 명 짐, 부담 동 ~에게 짐을 지우다(비 load)

[bə́:rdn]
- ❖ be a burden to 짐이 되다
- ❖ It will only increase your burden.
  그것은 너의 짐을 무겁게 할 따름이다.

64

□ **series** 명 연속, 시리즈

[síəri:z / sí:ri:z]
- ❖ a series of victories 연승
- ❖ What is the theme of the series?
  시리즈의 주제는?

65

□ **oath** 명 맹세, 선서

[ouθ]
- ❖ keep one's oath 맹세를 지키다
- ❖ I gave evidence under oath.
  나는 선서를 하고 증언했다.

66
☐ appointment 명 약속, 임명
[əpɔ́intmənt]
- ❖ make an appointment 만날 약속을 하다
- ❖ What time is your appointment?
  약속이 몇 시예요?

67
☐ clue 명 실마리, 단서
[kluː]
- ❖ have a clue 실마리가 있다
- ❖ The mystery has no clues to it.
  그 불가사의는 풀 실마리가 없다.

68
☐ debt 명 은혜, 빚
[det]
- ❖ get out of debt 빚을 갚다
- ❖ He is heavily in debt.
  그는 빚이 엄청나게 많다.

69
☐ hydrogen 명 수소
[háidrədʒən]
- ❖ a hydrogen bomb 수소 폭탄
- ❖ Hydrogen combines with oxygen to
  form water.
  수소와 산소는 화합해서 물이 된다.

70
☐ control 명 통제, 지배, 관리 동 통제하다, 지배하다
[kəntróul]
- ❖ traffic control 교통 정리
- ❖ Don't try to control me.
  나를 통제하려고 하지 마세요.

71
☐ uniform 명 제복 형 같은 모양의
[júːnəfɔ̀ːrm]
- ❖ a uniform wage 동일 임금
- ❖ His uniform is old. 그의 제복은 낡았다.

72
☐ design 명 설계, 도안 동 디자인하다
[dizáin]
- ❖ machine design 기계 설계
- ❖ This was the basis of the final design.
  이것이 최종 설계의 기초였다.

73
□ **damage** 명 손해, 피해   동 ~을 손상시키다

[dǽmidʒ]
* pay for damages 손해 배상을 하다
* The fire caused much damage.
  그 화재는 많은 손해를 가져왔다.

74
□ **custom** 명 습관, 풍습   형 주문한, 세관의

[kʌ́stəm]
* break an old custom 옛 관습을 어기다
* This custom has been handed down to
  us. 이 풍습은 오늘날까지 전해 내려오고 있다.

75
□ **traffic** 명 교통, 교통량

[trǽfik]
* Safety Traffic Week 교통 안전 주간
* The accident stopped the traffic.
  사고가 교통을 방해했다.

76
□ **sophomore** 명 2학년생

[sáfəmɔ̀ːr / sɔ́f-]
* a sophomore 대학 이년생
* The students will be promoted to sopho-
  mores next spring.
  그 학생들은 내년 봄에 대학 2학년으로 진급한다.

77
□ **temperature** 명 온도, 기온, 체온   형 온화한

[témpərətʃər]
* one's temperature is high 체온이 높다
* The equipment shows the temperature.
  이 기구는 온도를 보여주고 있다.

78
□ **limit** 명 제한, 한계   동 제한하다

[límit]
* without limit 제한 없이
* Our abilities are limited.
  우리의 능력에는 한계가 있다.

Tip

control 참고 self-control 자제력
유의어 power 통제할 수 있는 힘, 세력

Part I 04일 Point up

79
□ statue [명] 상(像), 조상(彫像)

[stǽtʃuː]

❖ a marble statue 대리석상
❖ The Statue of Liberty holds a torch.
자유의 여신상은 횃불을 들고 있다.

80
□ furniture [명] 가구, 세간

[fə́ːrnitʃər]

❖ a set[suite] of furniture 가구 한 벌
❖ The furniture is stacked up.
가구들이 수북이 쌓여 있다.

81
□ parade [명] 행렬, 행진 [동] 행진하다

[pəréid]

❖ march in[on] parade 행렬 행진하다
❖ There has been a parade.
행렬이 있었다.

82
□ pilgrim [명] 순례자, 참배자

[pílgrim]

❖ a pilgrim to the Holy Land 성지 순례자
❖ The pilgrims paid homage to the tomb.
순례자들은 그 무덤에 참배하였다.

83
□ greeting [명] 인사, 축하

[gríːtiŋ]

❖ a friendly greeting 다정한 인사
❖ They are greeting each other.
그들은 서로 인사를 나누고 있다.

84
□ language [명] 언어

[lǽŋgwidʒ]

❖ strong language 강경한 말
❖ Animals possess language.
동물에도 나름대로의 말이 있다.

85

□ **opinion** 명 의견, 여론

[əpínjən]
* public opinion 여론
* Do you have any other opinions?
  다른 의견 있니?

86

□ **athlete** 명 운동 선수, 경기자

[ǽθliːt]
* the best female athletes
  최우수 여자 운동 선수들
* The athlete has a muscular disease.
  그 선수는 근육 질환이 있다.

87

□ **surface** 명 표면, 외면, 외관

[sə́ːrfis]
* an even surface 반반한 표면
* Apply paint to the surface.
  표면에 페인트를 칠하시오.

88

□ **electricity** 명 전기

[ilèktrísəti / iːlek-]
* install electricity 전기 장치를 하다
* This radio is run by electricity.
  이 라디오는 전기로 작동된다.

89

□ **spirit** 명 정신(반 body 육체), 용기, 기분

[spírit]
* the spirit of the law 법의 정신
* They are full of spirit. 그들은 용기백배하다.

90

□ **purpose** 명 목적(비 aim), 목표, 용도

[pə́ːrpəs]
* a fixed purpose 확고한 목적
* What is the purpose of this memo?
  이 메모를 쓴 목적은 무엇인가?

91

□ **promise** 명 전망, 약속 동 약속하다

[prámis / prɔ́m-]
* as promised 약속대로
* He promised to tell me it.
  그는 나에게 그것을 말하겠다고 약속했다.

92
□ **project** （명）계획 （동）계획하다

[prədʒékt]
❖ give up a project 계획을 그만두다
❖ Is it a safe project?
  그것은 안전한 사업계획인가?

93
□ **government** （명）정치, 정부

[gʌ́vərnmənt]
❖ government funds 정부 기금
❖ It is under government control.
  그것은 정부가 통제하고 있다.

94
□ **exercise** （명）운동, 연습 （동）연습하다

[éksərsàiz]
❖ lack of exercise 운동 부족
❖ She is doing her exercises.
  여자는 운동을 하고 있다.

95
□ **comparison** （명）비교, 대조

[kəmpǽrisn
/ -rəsn]
❖ by comparison 견주어 보건대
❖ There is no comparison between this
  and that. 이것과 그것과는 비교가 안 된다.

96
□ **interest** （명）이익, 흥미 （동）흥미를 일으키다

[íntərist]
❖ kill interest 흥미를 잃게 하다
❖ The book interested me very much.
  그 책은 매우 재미있었다.

97
□ **funeral** （명）장례식(비 burial) （형）장례의

[fjú:nərəl]
❖ a funeral procession 장례 행렬
❖ The funeral passed like some awful dream.
  그 장례식은 무시무시한 꿈처럼 지나갔다.

98
□ **junior** （명）손아랫사람, 후배 （형）손아래의
（반 senior 손위의）

[dʒú:njər]
❖ a junior partner 하급 사원

❖ He is my junior by three years.
그는 나보다 세 살 손아래이다.

99
□ **democracy** 명 민주주의, 민주정치

[dimάkrəsi
/ -mɔ́-]
❖ liberal democracy 자유 민주주의
❖ This result is a victory for democracy.
이 결과는 민주주의의 승리이다.

100
□ **admiral** 명 해군대장, 해군제독

[ǽdmərəl]
❖ Fleet Admiral Nelson 넬슨 제독
❖ The admiral retired from the navy.
그 제독은 해군에서 퇴역했다.

101
□ **edge** 명 날, 가장자리

[edʒ]
❖ the edge of a box 상자의 모서리
❖ I hit the table on the edge.
테이블 가장자리에 부딪쳤다.

102
□ **biology** 명 생물학

[baiάlədʒi / -ɔ́l-]
❖ a biology class 생물학 수업 시간
❖ I've had enough biology for now!
생물학적으로도 충분히 입증됐습니다.

103
□ **danger** 명 위험, 위험한 것

[déindʒər]
❖ out of danger 위험을 벗어나서
❖ This circumstance lessens the danger.
이런 상황에서는 위험이 덜해진다.

104
□ **advice** 명 충고, 조언

[ædvάis / əd-]
❖ ask advice of 조언을 구하다
❖ I esteem your advice highly.
나는 귀하의 충고를 매우 존중합니다.

105

□ **practice** 　(명) 연습, 실행　(동) 연습하다(비 exercise)

[prǽktis]
- ❖ practice in writing 작문 연습을 하다
- ❖ I practice the piano every day.
  나는 매일 피아노를 연습하고 있습니다.

106

□ **mammal** 　(명) 포유동물

[mǽməl]
- ❖ higher mammals 고등 포유동물
- ❖ Whales are mammals.
  고래는 포유동물이다.

107

□ **grade** 　(명) 등급, 학년, 점수(비 mark)

[greid]
- ❖ Grade A milk A등급의 우유
- ❖ She is in the third grade.
  그녀는 3학년이다.

108

□ **score** 　(명) 점수, 득점, 20　(동) 득점하다

[skɔːr]
- ❖ score many points 대량 득점하다
- ❖ Our team scored 15 points.
  우리 팀은 15점을 득점했다.

109

□ **pause** 　(명) 중지, 중단　(동) 멈추다

[pɔːz]
- ❖ in pause 중지하여
- ❖ He paused to look at the view.
  그는 잠깐 멈추고 풍경을 바라보았다.

110

□ **pronunciation** 　(명) 발음

[prənʌ̀nsiéiʃən]
- ❖ English pronunciation 영어의 발음
- ❖ His pronunciation is good.
  그는 발음이 좋다.

111

stress 　명 압박, 강세　동 강조하다

[stres]
- the stress of life 생활의 압박
- They laid stress on the study of a foreign language.
  그들은 외국어 공부를 강조했다.

112

contest 　명 경쟁, 경기, 대회

[kántest / kón-]
- a beauty contest 미인 대회
- The race was contested among them.
  그들 사이에 경주가 벌어졌다.

113

horizon 　명 수평선, 지평선　형 수평의, 가로의

[həráizn]
- on the horizon 수평선 위에
- The people are looking out at the horizon.
  사람들이 수평선을 바라보고 있다.

114

print 　명 인쇄(물), 자국　동 인쇄[출판]하다

[print]
- rush into print 급히 서둘러 출판하다
- The photos have printed clearly.
  이 사진은 깨끗이 인쇄되었다.

115

might 　명 힘, 세력

[mait]
- by might 완력으로
- Might makes right. 힘이 정의이다.

116

trouble 　명 근심, 곤란, 고생　동 걱정하다

[trʌ́bl]
- get out of trouble 곤란을 벗어나다
- Don't trouble yourself with trifles.
  사소한 일로 걱정하지 마라.

117

scar 　명 상처, 흉터

[skɑːr]
- heal to a scar 아물어서 흉터만 남다
- It leaves a scar.
  상처가 남는다.

118
□ balance
[bǽləns]

® 균형 ⑤ 균형을 잡다

❖ balance oneself 몸의 균형을 잡다
❖ He lost his balance and fell.
그는 균형을 잃고 넘어졌다.

119
□ proverb
[prɑ́vəːrb / prɔ́v-]

® 속담, 격언

❖ as the proverb goes 속담에 이르기를
❖ Proverbs teach us lessons.
속담은 우리에게 교훈을 준다.

120
□ semester
[siméstər]

® 학기

❖ the first semester 제1학기(2학기제의)
❖ The new semester has begun.
신학기에 들어서다.

121
□ election
[ilékʃən]

® 선거

❖ a presidential election 대통령 선거
❖ How will the election turn out?
선거가 어떻게 될까?

122
□ inning
[íniŋ]

® 회(回), 차례

❖ the ninth inning 야구의 제9회전
❖ In the first inning...
1회에 시작합니다.

123
□ degree
[digríː]

® 정도, 등급

❖ in a degrees 조금은
❖ There are degrees of truth.
진실에는 정도가 있다.

124
□ cemetery
[sémətèri / -tri]

® 묘지, 공동묘지

❖ His ancestors lie in the cemetery.
그의 조상은 공동묘지에 묻혀 있다.

125
□ **relay** 　명 교대 　동 교대하다

[ríːlei]
- ❖ work in relays 교대제로 일하다
- ❖ They work in relays.
  그들은 교대로 일한다.

126
□ **spot** 　명 반점, 장소, 지점 　형 즉석의

[spɑt / spɔt]
- ❖ a beauty spot 수려한 장소
- ❖ This picture spot is a dark cave.
  이 사진 장소는 어두운 동굴이다.

127
□ **merchant** 　명 상인 　형 상인의

[mə́ːrtʃənt]
- ❖ a merchant town 상업 도시
- ❖ The merchant has a large staff of clerks.
  그 상인은 많은 점원을 거느리고 있다.

128
□ **saying** 　명 격언, 속담

[séiiŋ]
- ❖ as the saying is 속담에 있듯이
- ❖ A saying goes that time is money.
  시간은 금이라는 격언이 있다.

129
□ **refrigerator** 　명 냉장고

[rifrìdʒəréitər]
- ❖ put in a refrigerator 냉장고에 넣다
- ❖ The refrigerator is open.
  냉장고가 열려 있다.

130
□ **crack** 　명 갈라진 금 　동 금가다

[kræk]
- ❖ seal a crack 갈라진 틈을 막다
- ❖ There is a crack in the plate.
  접시에 금이 갔다.

Tip

election 참고 Election Day 대통령 선거일
유의어 choice 선택 selection 선발

131

☐ **judge**

[dʒʌdʒ]

图 재판관 图 재판하다, 판단하다

❖ a side judge 배석 판사
❖ You must judge for yourself.
자기 자신이 판단해야 한다.

132

☐ **slave**

[sleiv]

图 노예 图 노예처럼 일하다

❖ work like a slave 노예같이 일하다
❖ The man whipped the slave with a birch switch. 그 사람은 자작나무 회초리로 노예를 때렸다.

133

☐ **settler**

[sétlər]

图 이주민, 개척자

❖ The early settlers in America had to fight the Indians. 미국의 초창기 이주자들은 인디언들과 싸워야만 했다.

134

☐ **fare**

[fɛər]

图 요금, 운임

❖ a single fare 편도 운임
❖ The bus fare is expensive.
버스 요금이 비싸다.

135

☐ **gesture**

[dʒéstʃər]

图 몸짓, 손짓, 동작 图 몸짓(손짓)으로 말하다

❖ a comical gesture 우스운 몸짓
❖ She made an angry gesture with her fist.
그녀는 주먹을 불끈 쥐며 화난 동작을 취했다.

136

☐ **planet**

[plǽnit]

图 행성, 유성

❖ major[minor] planets 대[소]행성
❖ Is there life on other planets?
다른 행성에도 생물체가 있을까?

137 □ type
[taip]

명 형, 활자　동 타이프하다

❖ set up type 활자를 짜다
❖ What size is this type?
　이것은 몇 호 활자입니까?

138 □ secretary
[sékrətèri / -tri]

명 비서, 서기, 장관

❖ a chief secretary 수석 비서
❖ The secretary is working at her desk.
　비서가 책상에서 일을 하고 있다.

139 □ devil
[dévl]

명 악마, 화신　형 나쁜

❖ raise the devil 악마를 불러내다
❖ She is possessed by a devil.
　그녀는 악령에 사로잡혀 있다.

140 □ scholar
[skálər / skɔ́l-]

명 학자

❖ a scholar of English literature 영문학자
❖ He is some sort of scholar.
　그는 대단한 학자이다.

141 □ attention
[əténʃən]

명 주의, 배려, 돌봄

❖ arrest attention 주의를 끌다
❖ He was all attention.
　그는 모든 주의를 기울였다.

142 □ kindergarten
[kíndərgàːrtn]

명 유치원

❖ a kindergarten teacher 유치원 교사
❖ My brother goes to kindergarten.
　내 남동생은 유치원에 다닌다.

143 □ detective
[ditéktiv]

명 탐정　형 탐정의

❖ a private detective 사립 탐정
❖ It's a kind of detective story.
　그것은 일종의 탐정 이야기입니다.

144

□ **license**

[láisəns]

명 면허(증), 허가, 인가

❖ under license 면허를 받고
❖ What is offered with all two-year licenses?
  모든 2년짜리 면허에 제공되는 것은?

145

□ **palace**

[pǽlis / -əs]

명 궁전, 대저택

❖ the Changdeok Palace 창덕궁
❖ The king had a magnificent palace.
  그 왕은 장엄한 궁전을 갖고 있었다.

146

□ **spade**

[speid]

명 가래, 삽

❖ spade the soil 삽으로 땅을 파다
❖ They dug up the sand with spades.
  그들은 삽으로 모래를 팠다.

147

□ **square**

[skwɛər]

명 사각형, 광장   **형** 사각형의

❖ be square 네모지다
❖ The UFO was square.
  그 미확인 비행 물체는 사각형이었다.

148

□ **fountain-pen**

[fáuntinpen]

명 만년필

❖ fill a fountain-pen 만년필에 잉크를 넣다
❖ I have lost my fountain-pen.
  내 만년필을 잃어버렸다.

149

□ **harvest**

[háːrvist]

명 수확물   **동** 거두어들이다

❖ a rich harvest 풍성한 수확
❖ He predicted a good harvest.
  그는 풍작을 예언했다.

150

□ **tool**

[tuːl]

명 도구, 공구

❖ a machine tool 기계 공구
❖ You don't need any special tools.
  특별한 도구는 전혀 필요하지 않지.

151
□ **sword** [명] 검, 칼

[sɔːrd]

- put up a sword 칼을 칼집에 넣다
- The pen is mightier than the sword.
  펜은 칼보다 강하다.

152
□ **magazine** [명] 잡지

[mæ̀gəzíːn]

- an economics magazine 경제 잡지
- He is writing for a magazine.
  그는 어느 잡지에 기고하고 있다.

153
□ **stadium** [명] 육상경기장, 스타디움

[stéidiəm]

- a steel-roofed stadium 철근 돔 경기장
- The stadium is almost empty.
  경기장이 거의 비어 있다.

154
□ **care** [명] 걱정, 조심([반] careless) [동] 걱정하다

[kɛər]

- borrow care 쓸데없는 걱정을 하다
- Please take care of yourself.
  부디 몸조심하세요.

155
□ **beauty** [명] 아름다움, 미인

[bjúːti]

- a paragon of beauty 절세의 미인
- Beauty is truth, truth is beauty.
  아름다움은 참이고, 참은 아름다움이다.

156
□ **program** [명] 프로그램, 계획, 예정

[próugræm/-grəm]

- a radio program 라디오 프로그램
- They made a colorful program.
  그들은 다채로운 프로그램을 짰다.

Tip

care **어원** care+[전치사]+[명사] …을 걱정하다
참고 in care 보호시설에 사는 **유의어** attention 배려, 돌봄

157
□ **museum** 몡 박물관, 미술관

[mjuːzíːəm / -zíəm]
❖ at a museum 박물관에서
❖ Museums are closed on Mondays.
박물관들은 월요일에 문을 닫는다.

158
□ **sentence** 몡 문장, 판결

[séntəns]
❖ carry out a sentence 판결을 집행하다
❖ This sentence permits no doubt.
이 문장은 의문의 여지가 없다.

159
□ **memory** 몡 기억, 추억

[méməri]
❖ artificial memory 기억술
❖ He has a good memory.
그는 기억력이 매우 좋다.

160
□ **passenger** 몡 승객, 여객

[pǽsəndʒər]
❖ take on passengers 승객을 태우다
❖ The passengers are boarding the bus.
승객들이 버스에 타고 있다.

161
□ **skill** 몡 숙련, 기술, 솜씨

[skil]
❖ lack of skill 기술 부족
❖ The woman is brushing up on her skills.
여자가 기술을 연마하고 있다.

162
□ **journey** 몡 여행(비 travel), 여정

[dʒə́ːrni]
❖ make a journey 여행하다
❖ He is away on a journey.
그는 여행을 떠나고 부재중이다.

163
□ ceremony [명] 식, 의식, 의례

[sérəmòuni / -məni]
- drop ceremony 의식을 생략하다
- The ceremony will be held in March.
  의식은 3월에 진행될 것이다.

164
□ hobby [명] 취미

[hάbi / hɔ́bi]
- paint as a hobby 취미로 그림을 그리다
- Her hobby is watching movies.
  그녀의 취미는 영화를 보는 것이다.

165
□ president [명] 대통령, 사장, 총장

[prézidənt]
- the President of a society 협회의 회장
- President Kennedy was loved by many people.
  Kennedy 대통령은 많은 사람들의 사랑을 받았다.

166
□ address [명] 주소, 연설 [동] 연설하다

[ədrés]
- address an audience 청중에게 연설하다
- State your name and address.
  너의 이름과 주소를 말하여라.

167
□ continent [명] 대륙, 육지

[kάntənənt / kɔ́n-]
- on the Continent 유럽 대륙에서는
- The Pacific Ocean is bigger than the continent of Asia.
  태평양은 아시아 대륙보다 더 크다.

168
□ mankind [명] 인간, 인류

[mæ̀nkáind]
- the origin of mankind 인류의 기원
- Malaria has plagued mankind for centuries.
  말라리아는 수세기 동안 인류를 괴롭혀 왔습니다.

169

☐ **site** 　　　　**명** 위치, 장소, 부지

[sait]

❖ a building site 건축 부지
❖ The bank has a good site in town.
　은행은 시에서도 좋은 장소에 있다.

170

☐ **marble** 　　　**명** 대리석

[máːrbl]

❖ a marble pillar 대리석 기둥
❖ The column was white marble.
　그 기둥은 흰 대리석으로 만들었다.

171

☐ **stem** 　　　　**명** (풀, 나무의) 줄기, 대

[stem]

❖ stem cell 줄기 세포
❖ The stem of ivy is thick.
　담쟁이덩굴의 줄기는 굵다.

172

☐ **account** 　　　**명** 설명, 계좌, 중요성 가치

[əkáunt]

❖ open a bank account 예금 계좌를 개설하다
❖ She gave an account of the accident.
　그녀는 그 사건을 설명했다.

173

☐ **cave** 　　　　**명** 동굴 　**동** 굴을 파다

[keiv]

❖ the cave period 동굴주거 시대
❖ There is a treasure in the cave.
　동굴 안에는 보물이 있다.

174

☐ **torch** 　　　　**명** 횃불, 호롱등

[tɔːrtʃ]

❖ carry a torch in one's hand 횃불을 들다
❖ The Statue of Liberty holds a torch.
　자유의 여신상은 횃불을 들고 있다.

175

☐ **composer** 　　**명** 작곡가, 구성자

[kəmpóuzər]

❖ an idiomatic composer 개성 있는 작곡가
❖ As a composer, Mozart was peerless.
　작곡가로서, 모차르트는 비할 데가 없다.

176
□ invader　　명 침입자

[invéidər]
- ❖ expel invaders from one's country
  자기 나라에서 침략자를 몰아내다
- ❖ They repelled invaders.
  그들은 침입자들을 쫓아 버렸다.

177
□ trick　　명 책략, 재주, 계략

[trik]
- ❖ the trick of fortune 운명의 장난
- ❖ That's a dirty trick. 그것은 비열한 수법이다.

178
□ flight　　명 날기, 비행

[flait]
- ❖ a night flight 야간 비행
- ❖ She is a flight attendant.
  그녀는 비행기 승무원이다.

179
□ castle　　명 성(城), 성곽

[kǽsl / kɑ́ːsl]
- ❖ assail a castle 성을 공격하다
- ❖ They built a sand castle.
  그들은 모래성을 쌓았다.

180
□ envelope　　명 봉투, 씌우개

[énvəlòup/ǽn-]
- ❖ a letter envelope 편지 봉투
- ❖ Mary opened the envelope.
  Mary는 봉투를 열었다.

181
□ pal　　명 친구(비 friend), 동료

[pæl]
- ❖ pen pal 편지 친구
- ❖ My pals and I went bowling last night.
  내 친구들과 나는 어젯밤 볼링을 하러 갔다.

182
□ vacation　　명 휴가(비 holiday), 방학

[veikéiʃən / və-]
- ❖ be on vacation 휴가 중이다
- ❖ How was your vacation?
  휴가 어떻게 지냈습니까?

183
☐ **desert** 　 명 사막 　 형 사막의

[dézərt/dizə́ːrt]
❖ a limitless desert 끝없는 사막
❖ Desert soil is usually sterile.
　 사막 토양은 대개 불모이다.

184
☐ **event** 　 명 사건, 종목, 행사, 경기

[ivént]
❖ a main event 주요한 시합
❖ That is a remarkable event.
　 그것은 주목할 만한 사건이다.

185
☐ **theater** 　 명 극장, 영화관

[θíːətər]
❖ a movie theater 영화관
❖ We went to the outdoor theater.
　 우리는 야외극장에 갔다.

186
☐ **stage** 　 명 무대, 연극

[steidʒ]
❖ be on the stage 무대에 서다
❖ A band is assembled on stage.
　 밴드가 무대에 모여 있다.

187
☐ **error** 　 명 잘못, 실수, 과오

[érər]
❖ correct errors 잘못을 고치다
❖ She eliminated all errors from the typescript. 그녀는 타이프 원고에서 잘못된 곳을 모두 삭제했다.

188
☐ **area** 　 명 면적, 지역

[ɛ́əriə]
❖ a free parking area 무료 주차 구역
❖ We live in the same area.
　 우리는 같은 동네에 산다.

36

189
□ base
[beis] 명 기초, 토대 동 기초를 두다
- ❖ make-up base 기초화장
- ❖ a drink with a rum base
  럼주를 기본 재료로 한 술

190
□ basement
[béismənt] 명 지하실
- ❖ the second basement 지하 2층
- ❖ The steps lead to a basement.
  계단은 지하실로 통한다.

191
□ atom
[ǽtəm] 명 원자
- ❖ the composition of the atom 원자의 구조
- ❖ Water is made of atoms of hydrogen and oxygen.
  물은 수소와 산소의 원자들로 구성된다.

192
□ poet
[póuit] 명 시인
- ❖ a poet and novelist 시인이자 소설가
- ❖ He professes to be a poet.
  그는 시인을 자칭한다.

193
□ petal
[pétl] 명 꽃잎
- ❖ rose petals 장미의 꽃잎
- ❖ You're pulling petals off a flower.
  당신은 꽃잎을 한 장씩 떼고 있죠.

194
□ chance
[tʃæns, tʃɑːns] 명 기회, 우연, 가능성 동 우연히 ~하다
- ❖ a fair chance 좋은 기회
- ❖ We will give you one more chance.
  한 번 더 기회를 주겠어.

195
□ mind
[maind] 명 마음, 기억 동 주의하다, 싫어하다
- ❖ mind and body 심신
- ❖ You really have a beautiful mind.
  넌 참으로 아름다운 마음씨를 지녔구나.

196
☐ **climate** 몡 기후(비 weather), 풍토

[kláimit]
- ❖ a mild climate 온화한 기후
- ❖ It is an unhealthy climate.
  그것은 건강에 해로운 기후다.

197
☐ **suburb** 몡 (도시의) 교외, 근교

[sʌ́bəːrb]
- ❖ in a suburb of Seoul 서울 교외에
- ❖ I live in the suburbs of Seoul.
  나는 서울 근교에 살고 있다.

198
☐ **throat** 몡 목구멍, 좁은 통로

[θrout]
- ❖ one's throat contract 목구멍이 막히다
- ❖ I have a cough and a sore throat.
  나는 기침이 나고 목이 아프다.

199
☐ **voice** 몡 목소리, 음성

[vɔis]
- ❖ in a deep voice 힘찬 저음의 목소리로
- ❖ Please lower your voice.
  목소리를 낮추세요.

200
☐ **valley** 몡 골짜기, 계곡

[væli]
- ❖ look down into a valley 골짜기를 굽어보다
- ❖ The mountain valley is very deep.
  그 산골짜기는 아주 깊다.

201
☐ **puritan** 몡 청교도

[pjúərətn]
- ❖ The Puritans lived in a very strict and religious way. 청교도들은 매우 엄격하고 종교적인 방식으로 살았다.

202
☐ **feather** 몡 깃털, 깃

[féðər]
- ❖ bird feathers 새털
- ❖ Her pet hasn't got feathers.
  그녀의 애완동물은 깃털이 없다.

203
□ **amateur** 명 아마추어(반 professional 전문가)

[ǽmətʃùər]
* amateur theatricals 아마추어 연극
* He was just an amateur.
  그는 아마추어에 지나지 않았다.

204
□ **nation** 명 국민, 국가

[néiʃən]
* a great nation 위대한 국민
* Each individual nation has its capital.
  각 국가에는 수도가 있다.

205
□ **puzzle** 명 퍼즐, 수수께끼 동 당황하다

[pʌ́zl]
* It's a piece of the puzzle
  그건 퍼즐의 한 조각이다.
* A puzzle was solved.
  수수께끼가 풀렸다.

206
□ **riddle** 명 수수께끼, 알아맞히기

[rídl]
* guess a riddle 수수께끼를 알아맞히다
* You talk in riddles.
  자네 이야기는 꼭 수수께끼 같네.

207
□ **rear** 명 뒤쪽(비 back), 배후

[riər]
* at the rear 배후에
* The woman is standing at the rear of her car.
  여자가 차의 뒤쪽에 서 있다.

208
□ **battle** 명 전투(비 fight), 싸움(비 war)

[bǽtl]
* a bloody battle 피비린내 나는 싸움
* The battle had begun.
  싸움은 시작되었습니다.

Tip

nation (집합적으로 단수 취급) 국민(people)
유의어 country 국가, 나라

209

☐ **laundry**　　명 세탁소, 세탁물

[láːndri/láːn-]

❖ gather up the laundry 빨래를 걷다
❖ She wrung the laundry dry.
그녀는 세탁물을 물기가 없어지도록 짰다.

210

☐ **shower**　　명 소나기, 샤워

[ʃáuər]

❖ be caught in a shower 소나기를 만나다
❖ I must have been in the shower at the time. 그 시간엔 샤워를 하고 있었을 거야.

211

☐ **navy**　　명 해군(반 army 육군)

[néivi]

❖ join the Navy 해군에 들어가다
❖ My brother is in the navy.
나의 형은 해군에 복무하고 있다.

212

☐ **Mars**　　명 화성

[mɑːrz]

❖ The size of Mars 화성의 크기
❖ Is there any life on Mars?
화성에는 어떤 생물이 있느냐?

213

☐ **gallery**　　명 화랑, 미술관

[gǽləri]

❖ an exhibition gallery 전람회장
❖ There's nothing to see in this gallery.
이 미술관에는 볼 만한 것이 아무것도 없다.

214

☐ **guest**　　명 손님, 내빈

[gest]

❖ neglect a guest 손님을 홀대하다
❖ The waiter handed each guest a menu.
웨이터는 손님 각자에게 메뉴를 건네주었다.

215

□ **folk** ⓜ 사람들, 가족 ⓗ 민간의

[fouk]
- ❖ hill folk 산골 사람
- ❖ Some folks are dancing outdoors.
  몇몇 사람들이 야외에서 춤을 추고 있다.

216

□ **problem** ⓜ 문제, 의문

[prábləm/prɔ́b-]
- ❖ the unemployment problem 실업 문제
- ❖ This problem gets me.
  이 문제에는 손들었다.

217

□ **jewel** ⓜ 보석류, 장신구

[dʒúːəl]
- ❖ a ring set with a jewel 보석 반지
- ❖ Is this a real jewel or just an imitation?
  이 보석은 진짜냐 가짜냐?

218

□ **garage** ⓜ 차고, 수리공장

[gərɑ́ːʒ/-rɑ́ːdʒ]
- ❖ a built-in garage 건물에 딸린 차고
- ❖ The car is in the garage.
  그 차는 차고에 있다.

219

□ **fault** ⓜ 결점, 과실

[fɔːlt]
- ❖ find fault 결점을 찾다
- ❖ That is entirely my fault.
  그것은 전적으로 내 잘못이다.

220

□ **lantern** ⓜ 랜턴, 제등

[lǽntərn]
- ❖ a lantern procession 제등 행렬
- ❖ The lantern is swinging in the wind.
  랜턴이 바람에 대롱거린다.

221

□ **angle** ⓜ 각도, 관점

[ǽŋgl]
- ❖ an angle of 45 degrees 45도의 각
- ❖ Let's view the matter from another angle.
  다른 각도에서 그 문제를 생각해 봅시다.

222
□ **match**   뗑 시합, 경기(囿 game)

[mætʃ]
- ❖ a tennis match 테니스 경기
- ❖ There were big football matches.
  큰 미식축구 경기가 벌어졌다.

223
□ **stripe**   뗑 줄무늬, 줄

[straip]
- ❖ large stripes 굵은 줄무늬
- ❖ There are two men wearing striped shirts.
  남자 두 명이 줄무늬 셔츠를 입고 있다.

224
□ **pulse**   뗑 맥박, 진동

[pʌls]
- ❖ an even pulse 규칙적인 맥박
- ❖ His pulse is still beating.
  그의 맥은 아직 뛰고 있다.

225
□ **powder**   뗑 가루, 분말

[páudər]
- ❖ soap powder 가루비누
- ❖ The detergent is sold in powdered form.
  그 세제는 가루 형태로 판다.

226
□ **flood**   뗑 홍수   동 침수시키다

[flʌd]
- ❖ flood warning 홍수 경보
- ❖ The flood submerged the village.
  홍수로 마을이 수몰되었다.

227
□ **bush**   뗑 숲, 수풀, 덤불

[buʃ]
- ❖ a thorny bush 가시덤불
- ❖ The man is watering the bushes.
  남자가 덤불에 물을 주고 있다.

228
□ **branch**   뗑 가지, 지점

[bræntʃ/brɑːntʃ]
- ❖ a fallen tree branch 떨어진 나뭇가지
- ❖ A bird perched on a branch.
  새 한 마리가 나뭇가지에 앉았다.

229
□ **hero**　　　(명) 영웅, 남자 주인공

[híərou / híːrou]
* hero worship 영웅 숭배
* Everybody cannot be a hero.
  누구나 다 영웅이 될 수 있는 것은 아니다.

230
□ **heaven**　　　(명) 하늘, 천국

[hévən]
* go to heaven 천국에 가다
* The church is not a gateway to heaven.
  교회는 천당으로 들어가는 문이 아니다.

231
□ **exit**　　　(명) 출구(반) entrance 입구), 퇴장

[égzit/éksit]
* the exit of a theater 극장의 출구
* The cars have blocked the exit.
  차들이 출구를 가로 막았다.

232
□ **beast**　　　(명) 짐승(비) animal), 야수

[biːst]
* a fierce beast 사나운 짐승
* He is worse than a beast.
  그는 짐승만도 못하다.

233
□ **century**　　　(명) 세기, 백년

[séntʃuri]
* the 21st century 21세기
* This picture is from the sixth century.
  이 그림은 6세기의 것으로 간주되고 있다.

234
□ **coeducation**　　　(명) 남녀공학

[kòuedʒukéiʃən]
* the coeducational method 남녀공학 제도
* That college is coeducational.
  저 대학은 남녀공학이다.

Tip

match 참고 out match 원정 경기 play a match 경기를 하다
유의어 game 경기, 시합

235

□ **twin** 　명 쌍둥이　형 쌍둥이의

[twin]
- ❖ twin brother 쌍둥이 형제
- ❖ The twins look exactly the same.
  그 쌍둥이는 정말 똑같아요.

236

□ **metal** 　명 금속

[métl]
- ❖ a worker in metals 금속 세공사
- ❖ This metal contains gold.
  이 금속에는 금이 함유되어 있다.

237

□ **insect** 　명 곤충　형 곤충의

[ínsekt]
- ❖ insect collecting 곤충채집
- ❖ Ants and butterflies are insects.
  개미와 나비는 곤충이다.

238

□ **track** 　명 지나간 자취, (철도) 선로

[træk]
- ❖ go across a track 선로를 횡단하다
- ❖ It's the one on track seven.
  7번 선로에 있는 거요.

239

□ **guard** 　명 수위, 경호인　동 보호하다

[gɑːrd]
- ❖ The Coast Guard 해안 경비대
- ❖ There were guards around the President.
  대통령의 주위에는 경호인들이 배치되어 있었다.

240

□ **cleave** 　동 쪼개다, 찢다

[kliːv]
- ❖ cleave it asunder 그것을 갈기갈기 찢다
- ❖ Cleave this block of wood in two.
  이 나무토막을 둘로 쪼개라.

241
□ **graduate** 　명 졸업생　동 졸업하다
[grǽdʒuèit]
* high school graduates 고등학교 졸업생
* I'll graduate this spring.
  난 올봄에 졸업할 거야.

242
□ **hall** 　명 집회장, 회관, 현관
[hɔːl]
* the front hall 바깥 현관
* There were over one hundred people in the hall. 회장에는 100명 이상의 사람들이 있었다.

243
□ **cow** 　명 암소(반 ox 황소)
[kau]
* a milk cow 젖소
* A cowboy is chasing a cow.
  카우보이가 암소를 쫓고 있다.

244
□ **bear** 　명 곰 동 낳다, 나르다, 참다 활 bear-bore-born
[bɛər]
* a bear is trapped 곰이 덫에 치이다
* I can not bear him.
  나는 그에 대해 참을 수가 없다.

245
□ **sorrow** 　명 슬픔, 비애, 불행　형 슬픈
[sárou/sɔ́ːr-]
* in sorrow and in joy 슬프거나 즐겁거나
* Our life is filled with joys and sorrows.
  우리의 생활은 기쁨과 비애로 채워진다.

246
□ **fire** 　명 불, 화재, 사격　동 발포하다
[faiər]
* sit by the fire 난롯가에 앉다
* A fire broke out last night.
  어젯밤에 화재가 났다.

247
□ **giant** 　명 거인　형 거대한
[dʒáiənt]
* an economic giant 경제 대국
* Once upon a time there lived a giant.
  옛날 옛적에 거인이 살고 있었다.

248
☐ **foreigner** 몡 외국사람, 외국인

[fɔ́ːrinər/fɑ́r-]
- ❖ for a foreigner 외국인으로서
- ❖ On my way to school, I met a foreigner.
  학교로 가는 길에 나는 한 외국인을 만났다.

249
☐ **headache** 몡 두통, 고민

[hédèik]
- ❖ have a headache 머리가 아프다
- ❖ The entrance examination is a big headache. 입학 시험이 큰 고민거리다.

250
☐ **hay** 몡 건초, 풀

[hei]
- ❖ a pile of hay 건초 더미
- ❖ Chickens are scattering a bunch of hay. 닭들이 건초 더미를 허적거리고 있다.

251
☐ **revival** 몡 부활, 소생

[riváivəl]
- ❖ the revival of an old custom
  옛 습관의 부활
- ❖ There has been some revival of ancient music. 고대 음악이 부활하고 있다.

252
☐ **million** 몡 백만, 다수   혱 백만의, 무수한

[míljən]
- ❖ a million and one 대단히 많은
- ❖ His book sold a million copies.
  그의 책은 백만 부 팔렸다.

253
☐ **crop** 몡 농작물, 수확물

[krɑp / krɔp]
- ❖ harmful to the crops 농작물에 해로운
- ❖ The storm flattened the crops.
  폭풍으로 농작물이 쓰러졌다.

254
☐ **shade** 몡 그늘, 차양

[ʃeid]
- ❖ in the shade 그늘에서
- ❖ Chairs are being moved into the shade.
  의자들을 그늘 쪽으로 옮기고 있다.

255
□ **company** 몡 회사, 동료

[kʌ́mpəni]
- ❖ fond of company 교제를 좋아하여
- ❖ He is a good company.
  그는 좋은 동료이다.

256
□ **canal** 몡 운하

[kənǽl]
- ❖ dig a canal 운하를 파다
- ❖ It was agreed that the Suez Canal should be open to all vessels.
  수에즈 운하는 모든 선박을 통과시켜야 한다는 데 의견이 모아졌다.

257
□ **wagon** 몡 짐마차

[wǽgən]
- ❖ a horse and wagon 말이 끄는 짐마차
- ❖ The wagons crossed a river.
  짐마차들은 넓은 강을 건넜다.

258
□ **fact** 몡 사실, 진상

[fækt]
- ❖ a straight fact 틀림없는 사실
- ❖ This fact merits attention.
  이 사실은 주목을 받을 만하다.

259
□ **joy** 몡 기쁨, 환희

[dʒɔi]
- ❖ joy without alloy 순수한 기쁨
- ❖ He beamed with joy.
  그의 얼굴은 기쁨으로 빛났다.

260
□ **concert** 몡 음악회, 연주회

[kánsəːrt / kɔ́n-]
- ❖ a concert hall 연주회장
- ❖ The audience liked the concert.
  청중들은 그 음악회를 좋아했다.

1 □ **education** 명 교육
2 □ **symbol** 명 상징, 심벌
3 □ **effect** 명 결과, 영향
4 □ **liberty** 명 자유, 해방
5 □ **affair** 명 사건, 일
6 □ **comfort** 명 안락, 쾌적함
7 □ **tradition** 명 전통, 전설
8 □ **culture** 명 문화, 교양
9 □ **experience** 명 경험
10 □ **subject** 명 학과
11 □ **object** 명 물건, 목적
12 □ **source** 명 출처, 근원
13 □ **revolution** 명 혁명
14 □ **pollution** 명 오염, 공해
15 □ **system** 명 조직, 체계
16 □ **triumph** 명 승리, 업적
17 □ **communication**
　　　명 전달, 통신, 교통
18 □ **foundation** 명 기초
19 □ **glory** 명 영광, 명예
20 □ **situation** 명 위치
21 □ **competition** 명 경쟁
22 □ **prairie** 명 대초원
23 □ **effort** 명 노력
24 □ **section** 명 부분, 구역
25 □ **rein** 명 고삐 동 제어하다
26 □ **solution** 명 해답, 해결
27 □ **honor** 명 명예, 경의
28 □ **unity** 명 통일, 일치
29 □ **population** 명 인구
30 □ **direction** 명 방향, 지시
31 □ **dialog** 명 대화
32 □ **republic** 명 공화국
33 □ **method** 명 방법, 방식
34 □ **decrease** 명 감소
35 □ **amount** 명 총액, 액수
36 □ **ancestor** 명 선조, 조상
37 □ **voyage** 명 항해
38 □ **sculpture** 명 조각
39 □ **instrument** 명 기계
40 □ **figure** 명 숫자, 계산
41 □ **activity** 명 활동, 활약
42 □ **cause** 명 원인, 이유
43 □ **worth** 명 가치

44 □ **accident** 명 사고
45 □ **adventure** 명 모험
46 □ **view** 명 경치, 의견
47 □ **relative** 명 친척
48 □ **superstition** 명 미신
49 □ **habit** 명 습관, 버릇
50 □ **wealth** 명 부, 재산
51 □ **treasure** 명 보물
52 □ **universe** 명 우주
53 □ **adult** 명 어른, 성인
54 □ **feast** 명 축제, 향연
55 □ **resources** 명 자원
56 □ **ruin** 명 파멸, 폐허
57 □ **monument** 명 기념비
58 □ **information** 명 정보
59 □ **appetite** 명 식욕, 욕구
60 □ **stethoscope** 명 청진기
61 □ **mystery** 명 신비
62 □ **thermometer** 명 온도계
63 □ **burden** 명 짐, 부담
64 □ **series** 명 연속, 시리즈
65 □ **oath** 명 맹세, 서선
66 □ **appointment**
　　　명 약속 임명
67 □ **clue** 명 실마리, 단서
68 □ **debt** 명 은혜, 빚
69 □ **hydrogen** 명 수소
70 □ **control** 명 통제, 지
71 □ **uniform** 명 제복
72 □ **design** 명 설계, 도안
73 □ **damage** 명 손해, 피해
74 □ **custom** 명 습관, 풍습
75 □ **traffic** 명 교통, 교통량
76 □ **sophomore** 명 2학년생
77 □ **temperature** 명 온도
78 □ **limit** 명 제한, 한계
79 □ **statue** 명 상(像)
80 □ **furniture** 명 가구, 세간
81 □ **parade** 명 행렬, 행진
82 □ **pilgrim** 명 순례자
83 □ **greeting** 명 인사, 축하
84 □ **language** 명 언어
85 □ **opinion** 명 의견, 여론
86 □ **athlete** 명 운동 선수

87 □ **surface** 명 표면, 외면
88 □ **electricity** 명 전기
89 □ **spirit** 명 정신, 용기
90 □ **purpose** 명 목적, 목표
91 □ **promise** 명 전망, 약속
92 □ **project** 명 계획
93 □ **government** 명 정치
94 □ **exercise** 명 운동, 연습
95 □ **comparison** 명 비교
96 □ **interest** 명 이익, 흥미
97 □ **funeral** 명 장례식
98 □ **junior** 명 손아랫사람
99 □ **democracy** 명 민주주의
100 □ **admiral** 명 해군대장
101 □ **edge** 명 날, 가장자리
102 □ **biology** 명 생물학
103 □ **danger** 명 위험
104 □ **advice** 명 충고, 조언
105 □ **practice** 명 연습, 실행
106 □ **mammal** 명 포유동물
107 □ **grade** 명 등급, 학년
108 □ **score** 명 점수, 득점
109 □ **pause** 명 중지, 중단
110 □ **pronunciation** 명 발음
111 □ **stress** 명 압박, 강세
112 □ **contest** 명 경쟁, 경기
113 □ **horizon** 명 수평선
114 □ **print** 명 인쇄(물)
115 □ **might** 명 힘, 세력
116 □ **trouble** 명 근심, 곤란
117 □ **scar** 명 상처, 흉터
118 □ **balance** 명 균형
119 □ **proverb** 명 속담, 격언
120 □ **semester** 명 학기
121 □ **election** 명 선거
122 □ **inning** 명 회(回), 차례
123 □ **degree** 명 정도, 등급
124 □ **cemetery** 명 묘지
125 □ **relay** 명 교대
126 □ **spot** 명 반점, 장소
127 □ **merchant** 명 상인
128 □ **saying** 명 격언, 속담
129 □ **refrigerator** 명 냉장고
130 □ **crack** 명 갈라진 금

131 □ **judge** 명 재판관

132 □ **slave** 명 노예

133 □ **settler** 명 이주민

134 □ **fare** 명 요금, 운임

135 □ **gesture** 명 몸짓, 손짓

136 □ **planet** 명 행성, 유성

137 □ **type** 명 형, 활자

138 □ **secretary** 명 비서

139 □ **devil** 명 악마, 화신

140 □ **scholar** 명 학자

141 □ **attention** 명 주의

142 □ **kindergarten** 명 유치원

143 □ **detective** 명 탐정

144 □ **license** 명 면허(증)

145 □ **palace** 명 궁전, 대저택

146 □ **spade** 명 가래, 삽

147 □ **square** 명 사각형

148 □ **fountain-pen** 명 만년필

149 □ **harvest** 명 수확물

150 □ **tool** 명 도구, 공구

151 □ **sword** 명 검, 칼

152 □ **magazine** 명 잡지

153 □ **stadium** 명 육상경기장

154 □ **care** 명 걱정, 조심

155 □ **beauty** 명 아름다움

156 □ **program** 명 프로그램

157 □ **museum** 명 박물관

158 □ **sentence** 명 문장, 판결

159 □ **memory** 명 기억, 추억

160 □ **passenger** 명 승객

161 □ **skill** 명 숙련, 기술, 솜씨

162 □ **journey** 명 여행

163 □ **ceremony** 명 식, 의식

164 □ **hobby** 명 취미

165 □ **president** 명 대통령

166 □ **address** 명 주소

167 □ **continent** 명 대륙, 육지

168 □ **mankind** 명 인간, 인류

169 □ **site** 명 위치, 장소, 부지

170 □ **marble** 명 대리석

171 □ **stem**
　　　　명 (풀, 나무의) 줄기, 대

172 □ **account** 명 설명

173 □ **cave** 명 동굴

174 □ **torch** 명 횃불, 호롱등

175 □ **composer** 명 작곡가

176 □ **invader** 명 침입자

177 □ **trick** 명 책략, 재주, 계략

178 □ **flight** 명 날기, 비행

179 □ **castle** 명 성(城), 성곽

180 □ **envelope** 명 봉투

181 □ **pal** 명 친구

182 □ **vacation** 명 휴가

183 □ **desert** 명 사막

184 □ **event** 명 사건

185 □ **theater** 명 극장, 영화관

186 □ **stage** 명 무대, 연극

187 □ **error** 명 잘못, 실수

188 □ **area** 명 면적, 지역

189 □ **base** 명 기초, 토대

190 □ **basement** 명 지하실

191 □ **atom** 명 원자

192 □ **poet** 명 시인

193 □ **petal** 명 꽃잎

194 □ **chance** 명 기회, 우연

195 □ **mind** 명 마음, 기억

196 □ **climate** 명 기후

197 □ **suburb** 명 (도시의) 교외

198 □ **throat** 명 목구멍

199 □ **voice** 명 목소리, 음성

200 □ **valley** 명 골짜기, 계곡

201 □ **puritan** 명 청교도

202 □ **feather** 명 깃털, 깃

203 □ **amateur** 명 아마추어

204 □ **nation** 명 국민, 국가

205 □ **puzzle** 명 퍼즐

206 □ **riddle** 명 수수께끼

207 □ **rear** 명 뒤쪽, 배후

208 □ **battle** 명 전투, 싸움

209 □ **laundry** 명 세탁소

210 □ **shower** 명 소나기, 샤워

211 □ **navy** 명 해군

212 □ **Mars** 명 화성

213 □ **gallery** 명 화랑, 미술관

214 □ **guest** 명 손님, 내빈

215 □ **folk** 명 사람들, 가족

216 □ **problem** 명 문제, 의문

217 □ **jewel** 명 보석류, 장신구

218 □ **garage** 명 차고

219 □ **fault** 명 결점, 과실

220 □ **lantern** 명 랜턴, 제등

221 □ **angle** 명 각도, 관점

222 □ **match** 명 시합, 경기

223 □ **stripe** 명 줄무늬, 줄

224 □ **pulse** 명 맥박, 진동

225 □ **powder** 명 가루, 분말

226 □ **flood** 명 홍수

227 □ **bush** 명 숲, 수풀, 덤불

228 □ **branch** 명 가지, 지점

229 □ **hero** 명 영웅

230 □ **heaven** 명 하늘, 천국

231 □ **exit** 명 출구

232 □ **beast** 명 짐승

233 □ **century** 명 세기, 백년

234 □ **coeducation** 명 남녀공학

235 □ **twin** 명 쌍둥이

236 □ **metal** 명 금속

237 □ **insect** 명 곤충

238 □ **track** 명 지나간 자취

239 □ **guard** 명 수위

240 □ **cleave** 명 쪼개다, 찢다

241 □ **graduate** 명 졸업생

242 □ **hall** 명 집회장, 회관, 현관

243 □ **cow** 명 암소

244 □ **bear** 명 곰

245 □ **sorrow** 명 슬픔, 비애

246 □ **fire** 명 불, 화재, 사격

247 □ **giant** 명 거인

248 □ **foreigner** 명 외국사람

249 □ **headache** 명 두통, 고민

250 □ **hay** 명 건초, 풀

251 □ **revival** 명 부활, 소생

252 □ **million** 명 백만, 다수

253 □ **crop** 명 농작물, 수확물

254 □ **shade** 명 그늘, 차양

255 □ **company** 명 회사, 동료

256 □ **canal** 명 운하

257 □ **wagon** 명 짐마차

258 □ **fact** 명 사실, 진상

259 □ **joy** 명 기쁨, 환희

260 □ **concert** 명 음악회

중요단어 **49**

Part I

11일 Point up

261
□ rule
[명] 규칙, 습관 [동] 다스리다

[ru:l]

- the rules of baseball 야구의 경기 규정
- Walking every morning is his rule.
  아침마다 산책하는 것은 그의 습관이다.

262
□ suitcase
[명] 여행가방

[sú:tkèis]

- a suitcase (대형의) 여행가방
- The woman is picking out a suitcase.
  여자가 여행가방을 고르고 있다.

263
□ weight
[명] 무게, 체중

[weit]

- gain weight 체중이 늘다
- What is your weight?
  당신 체중은 얼마입니까?

264
□ function
[명] 기능, 작용, 함수 [동] 작용하다

[fʌ́ŋkʃən]

- the function of the heart 심장의 기능
- The function of education is to develop the mind.
  교육의 기능은 정신을 계발하는 것이다.

265
□ mail
[명] 우편 [동] 우송하다

[meil]

- send by mail 우송하다
- Please mail this letter.
  이 편지를 좀 부쳐 주십시오.

266
□ log
[명] 통나무

[lɔ:g/lɑg]

- hollow out a log 통나무를 도려내다
- This log can't be split.
  이 통나무는 잘 잘리지 않는다.

267 □ hut
[hʌt]
명 오두막집

❖ throw up a hut 오두막을 급조하다
❖ The hut has an earthen floor and a thatched roof.
그 오두막은 흙바닥과 짚으로 이은 지붕이 있다.

268 □ tax
[tæks]
명 세금, 세   동 세금을 부과하다

❖ a tax burden 세금의 짐
❖ That doesn't include tax.
거기엔 세금이 포함되어 있지 않아요.

269 □ dye
[dai]
명 물감, 염료   동 물들이다

❖ black dye 검정 물감
❖ She applied the dye on her hair.
그녀는 머리에 염색약을 발랐다.

270 □ flame
[fleim]
명 불꽃, 화염   동 타오르다

❖ in a flame 흥분하여
❖ The flames licked everything.
불꽃이 모든 것을 삼켜버렸다.

271 □ shape
[ʃeip]
명 모양, 형상   동 모양 짓다

❖ lose shape 모양이 망그러지다
❖ He shaped the clay into a ball.
그는 진흙으로 공을 만들었다.

272 □ chest
[tʃest]
명 가슴, 흉부

❖ beat one's chest 가슴을 치며 통곡하다
❖ Did you get a chest X-Ray?
흉부 엑스레이 찍었어?

273 □ client
[kláiənt]
명 고객, 의뢰인

❖ Greeting clients well is very important.
고객에게 인사를 잘 하는 것은 매우 중요하다.

274
□ **chain** 　　 몡 쇠사슬, 사슬　 동 사슬로 매다

[tʃein]
- ❖ keep a dog on a chain
  개를 사슬에 묶어 놓다
- ❖ The dog is on the chain.
  개는 사슬에 매여 있다.

275
□ **cost** 　　 몡 가격, 비용　 동 비용이 들다

[kɔːst / kɔst]
- ❖ below cost 원가 이하로
- ❖ What does it cost?
  그것은 비용이 얼마나 듭니까?

276
□ **coast** 　　 몡 해안, 연안

[koust]
- ❖ on the coast 해안에서
- ❖ A boat is cruising near the coast.
  배 한 척이 해안을 순항하고 있다.

277
□ **circle** 　　 몡 원, 집단, 동아리　 동 선회하다

[sə́ːrkl]
- ❖ fly in a circle 원을 그리며 날다
- ❖ She is drawing a circle.
  그녀는 원을 그리고 있다.

278
□ **heart** 　　 몡 심장, 마음

[hɑːrt]
- ❖ heart failure 심장마비
- ❖ He has a weak heart. 그는 심장이 약하다.

279
□ **kindness** 　　 몡 친절, 친절한 행위

[káindnis]
- ❖ out of kindness 친절심에서
- ❖ She is kindness itself.
  그녀는 매우 친절하다.

280
□ **nature** 　　 몡 자연, 성질

[néitʃər]
- ❖ the laws of nature 자연의 법칙
- ❖ The mystery of nature is wonderful.
  자연의 신비는 경이롭다.

281
□ **fever** [fíːvər]
명 열, 발열

❖ have a fever 열이 있다
❖ The fever has left him.
그는 열이 가라앉았다.

282
□ **tongue** [tʌŋ]
명 혀, 국어

❖ stick out one's tongue 혀를 내밀다
❖ Did she bite her tongue?
그녀가 자기 혀를 깨물었니?

283
□ **trust** [trʌst]
명 신뢰, 신용   동 신뢰하다, 맡기다

❖ betray trust 신뢰를 배반하다
❖ He is not to be trusted.
그는 신뢰할 수 없다.

284
□ **whisker** [hwískər]
명 구레나룻

❖ a whiskered man 구레나룻이 난 사람
❖ She's cutting his whiskers.
그녀는 그의 구레나룻을 깎고 있다.

285
□ **prison** [prízn]
명 교도소, 감옥

❖ a prison without bars 창살 없는 감옥
❖ They went to prison intentionally.
그들은 일부러 감옥에 들어갔다.

286
□ **blood** [blʌd]
명 피, 혈액

❖ a drop of blood 피 한 방울
❖ Blood runs from the wound.
상처에서 피가 흘러나온다.

Tip

nature 참고 nature trail 자연 탐사 go back to nature 자연으로 돌아가다. 유의어 environment 환경

12일 Point up

287
□ loaf [명] 빵 한 덩어리

[louf]

- a loaf of bread 한 덩이의 빵
- She toasted a loaf of bread.
  그녀는 빵 한 덩이를 구웠다.

288
□ list [명] 목록, 명부

[list]

- a list of members 회원 명부
- The list included her name.
  그 명단에는 그녀의 이름도 들어 있었다.

289
□ fence [명] 울타리, 담

[fens]

- make a fence 울타리를 치다
- The fence is around the tree.
  나무 주위로 울타리가 쳐져 있다.

290
□ enemy [명] 적, 적군

[énəmi]

- an enemy plane 적기
- They opposed their enemy.
  그들은 적에게 저항했다.

291
□ thief [명] 도둑, 좀도둑

[θiːf]

- seize a thief 도둑을 붙잡다
- He is nothing but a thief.
  그는 도둑에 지나지 않는다.

292
□ data [명] 자료, 데이터

[déitə/dάːtə/dǽtə]

- the initial data 초기 데이터
- These data are doubtful.
  이 데이터는 의심스럽다.

293
□ **soldier** 명 군인, 병사

[sóuldʒər]
- a career soldier 직업 군인
- His uncle is a retired soldier.
  그의 삼촌은 퇴역 군인이다.

294
□ **musician** 명 음악가

[mjuːzíʃən]
- a folk musician 민속 음악가
- He is a musician by birth.
  그는 타고난 음악가이다.

295
□ **capital** 명 수도, 자본 형 주요한

[kǽpitl]
- a capital fund 자본금
- It's about the capital of China.
  중국의 수도에 관한 거야.

296
□ **course** 명 진로, 과정, 강좌

[kɔːrs]
- change one's course 진로를 바꾸다
- Did you find the course difficult?
  그 강좌 들어보니까 어려웠어?

297
□ **justice** 명 정의, 공정, 공평

[dʒʌ́stis]
- a sense of justice 정의감
- Justice will assert itself.
  정의는 반드시 밝혀진다.

298
□ **diary** 명 일기, 일기장

[dáiəri]
- a student diary 학생 일기
- He keeps a diary every day.
  그는 매일 일기를 적고 있다.

299
□ **squirrel** 명 다람쥐

[skwə́ːrəl / skwír-]
- Inside are squirrels! 안에 다람쥐들이 있어요!
- The squirrel is climbing the tree.
  다람쥐가 나무를 오르고 있다.

☐ **dawn** 	 명 새벽 	 동 날이 새다

[dɔːn]
- ❖ at dawn 새벽녘에
- ❖ Morning dawns. 새벽이다.

☐ **shadow** 	 명 그림자

[ʃǽdou]
- ❖ the shadow of a building 건물의 그림자
- ❖ Shadows fall over the statues.
  그림자가 동상들 위에 드리워져 있다.

☐ **ditch** 	 명 도랑, 개천

[ditʃ]
- ❖ dredge a ditch 도랑을 치다
- ❖ Workmen were digging ditches.
  일꾼들은 도랑을 파고 있었다.

☐ **truth** 	 명 진실, 진리, 증명된 사실

[truːθ]
- ❖ a universal truth 보편적 진리
- ❖ I doubt the truth of it.
  그 진위를 의심한다.

☐ **crew** 	 명 탑승원, 승무원

[kruː]
- ❖ an aircrew 항공기 승무원
- ❖ The crew is boarding the plane.
  승무원이 비행기에 탑승하고 있다.

☐ **stomach** 	 명 위, 복부, 배

[stʌ́mək]
- ❖ one's stomach is full 배가 부르다
- ❖ My stomach pains me.
  나는 배가 아프다.

☐ **mercy** 	 명 자비, 연민, 행운 	 형 자비로운

[mə́ːrsi]
- ❖ show mercy to ~에게 자비를 베풀다
- ❖ He made a plea for mercy.
  그는 자비를 애원했다.

307
□ neighbor [명] 이웃 사람, 이웃 나라 [동] 이웃하다

[néibər]

- my nextdoor neighbor 이웃집 사람
- A neighbor rescued her from the blaze.
  한 이웃 사람이 불길로부터 그녀를 구했다.

308
□ servant [명] 하인, 고용인 [동] 모시다

[sə́ːrvənt]

- a servant woman 가정부
- His new servant is a perfect treasure.
  새로 온 그의 하인은 정말 보배이다.

309
□ hunger [명] 공복, 배고픔, 굶주림

[hʌ́ŋgər]

- bear hunger 배고픔을 참다
- Hunger is the best sauce.
  시장이 반찬이다.

310
□ tomb [명] 묘, 무덤

[tuːm]

- a family tomb 선조 대대의 묘
- The tomb is very dark.
  무덤이 아주 어둡다.

311
□ taste [명] 맛, 취미 [동] 맛보다

[teist]

- a taste of success 성공의 맛
- We taste with our tongues.
  우리는 혀로 맛을 안다.

312
□ sign [명] 기호, 신호, 표시 [동] 서명하다

[sain]

- the positive sign 플러스 부호
- The sign says, "No Smoking."
  "금연"이라는 표시가 있다.

Tip

taste 참고 taste tea 차의 맛을 보다 taste food 시식하다
유의어 savor 맛 liking 취향

313
☐ **stair** 　　명 계단, 층계계단

[stɛər]
- ❖ at the foot of the stairs 계단 아래에
- ❖ Stairs lead to a hall.
  계단은 홀로 통한다.

314
☐ **trip** 　　명 (짧은) 여행(비 journey)

[trip]
- ❖ a weekend trip 주말의 짧은 여행
- ❖ How was your trip to Jejudo?
  제주도 여행은 어땠니?

315
☐ **desire** 　　명 바람, 소망　동 바라다, 원하다

[dizaiər]
- ❖ by desire 희망에 따라
- ❖ Everybody desires to be happy.
  누구나 행복해지기를 원한다.

316
☐ **brain** 　　명 뇌, 머리

[brein]
- ❖ have brains 머리가 좋다
- ❖ Feelings are controlled by the left side of the brain. 감각은 왼쪽 뇌에 의해 통제된다.

317
☐ **trumpet** 　　명 트럼펫, 나팔

[trʌ́mpit]
- ❖ a loud trumpet 소리가 큰 트럼펫
- ❖ The man is playing the trumpet.
  남자가 트럼펫을 연주하고 있다.

318
☐ **speech** 　　명 말, 연설

[spiːtʃ]
- ❖ a farewell speech 고별 인사
- ❖ The speech was very touching.
  그 연설은 정말 감동적이었어요.

319
□ courage [명] 용기, 담력, 배짱

[kə́ːridʒ/kʌ́r-]

❖ have courage 용기를 가지다

❖ He is wanting in courage.
그는 용기가 없다.

320
□ thumb [명] 엄지손가락

[θʌm]

❖ seal with the thumb 지장을 찍다

❖ He jigged his thumb up and down.
그는 엄지손가락을 위아래로 흔들었다.

321
□ horn [명] 뿔나팔, 경적

[hɔːrn]

❖ sound the horn 경적을 울리다

❖ The word rhinoceros means 'a horn on its nose'.
코뿔소라는 말은 '코에 난 뿔' 이란 뜻이야.

322
□ chief [명] 장(長), 우두머리 [형] 최고의, 주요한

[tʃiːf]

❖ the chief of state 국가 원수

❖ The doctor cured fever of the chief.
의사는 추장의 열병을 치료했다.

323
□ trousers [명] (남자의) 바지

[tráuzərz]

❖ iron out a pair of trousers 바지를 다리다

❖ What size trousers do you wear?
당신 바지의 치수는 얼마입니까?

324
□ challenge [명] 도전 [동] 도전[신청]하다

[tʃǽlindʒ]

❖ give a challenge 도전하다

❖ I accepted his challenge to a duel.
나는 그의 결투 신청을 받아들였다.

325
□ prince [명] 왕자

[prins]

❖ the prince royal 왕세자

❖ The prince rescued the princess.
왕자는 공주를 구했다.

326

□ **force** 　　　 명 힘, 폭력　동 강요하다

[fɔːrs]
- ❖ the force of nature 자연의 힘
- ❖ They forced him to sign the paper.
  그들은 그에게 서류에 서명하도록 강요했다.

327

□ **sight** 　　　 명 광경, 경치, 시력

[sait]
- ❖ a familiar sight 흔히 볼 수 있는 광경
- ❖ The ship came into sight.
  배가 시야에 들어왔다.

328

□ **space** 　　　 명 공간, 우주

[speis]
- ❖ time and space 시간과 공간
- ❖ A spaceship is traveling through space.
  우주선이 우주를 여행하고 있다.

329

□ **wool** 　　　 명 양털, 털실

[wul]
- ❖ a sheep out of the wool 털을 깎인 양
- ❖ This blanket is made from wool.
  이 담요는 양털로 만들어졌다.

330

□ **expressway** 　　　 명 고속도로

[ikspréswèi]
- ❖ a web of expressways 고속도로망
- ❖ He maintained a steady speed on the expressway.
  그는 고속도로에서 일정한 속도를 유지했다.

331

□ **science** 　　　 명 과학, 자연과학

[sáiəns]
- ❖ computer science 전산학
- ❖ I got zero in science.
  나는 과학에서 영점을 받았다.

332

□ **examination** 　　　 명 시험(비 exam), 조사

[igzæmənéiʃən]
- ❖ an examination in English 영어 시험
- ❖ The subject is asked in an examination.
  그 문제가 시험에 나왔다.

333
□ **average** 　명 평균, 평균값　형 평균의

[ǽvəridʒ]
- ❖ up to the average 평균에 달하여
- ❖ He averages eight hours work a day.
  그는 하루 평균 8시간씩 일한다.

334
□ **jar** 　명 병, 항아리

[dʒɑːr]
- ❖ a jar of jam 한 단지의 잼
- ❖ The seal on the jar is tight.
  병은 완전히 밀봉되어 있다.

335
□ **salt** 　명 소금　형 짠

[sɔːlt]
- ❖ a pinch of salt 소량의 소금
- ❖ She sprinkled salt on meat.
  그녀는 고기에 소금을 뿌렸다.

336
□ **death** 　명 죽음(반 life 생명), 사망

[deθ]
- ❖ escape death 죽음을 면하다
- ❖ Death is inevitable.
  죽음은 피할 수 없다.

337
□ **saw** 　명 톱　동 톱으로 켜다

[sɔː]
- ❖ saw away 톱질하다
- ❖ This wood does not saw well.
  이 나무는 톱이 잘 안 받는다.

338
□ **grain** 　명 곡물, 낟알

[grein]
- ❖ a grain of rice 쌀알
- ❖ They are in the grain group.
  그것들은 곡물 그룹에 속해 있다.

Tip

sight 참고 second sight 투시력　at first sight 첫눈에, 한눈에
유의어 scene 장면, 경치　spectacle 구경거리

339
□ **eraser** 명 지우개

[iréisər/-zər]
❖ a rubber eraser 고무지우개
❖ Can I borrow your eraser for a minute?
지우개 좀 잠깐 빌려도 될까?

340
□ **alphabet** 명 알파벳, 문자

[ǽlfəbèt/-bit]
❖ a phonetic alphabet 음표 문자
❖ How is it different from the English alphabet? 영어 알파벳과는 어떻게 다른데?

341
□ **shoulder** 명 어깨

[ʃóuldər]
❖ have drooping shoulders 어깨가 축 늘어지다
❖ I patted him on the shoulder.
나는 그의 어깨를 두드렸다.

342
□ **nephew** 명 조카(반 niece 조카딸), 생질

[néfju: / névju:]
❖ leave a legacy to one's nephew
조카에게 유산을 물려주다
❖ She has a nephew in the navy.
그녀에게는 해군에 가 있는 조카가 있다.

343
□ **niece** 명 조카딸(반 nephew 조카)

[ni:s]
❖ a wife's niece 처조카(딸)
❖ How old is your niece?
너희 조카딸 몇 살이니?

344
□ **library** 명 도서관, 서재

[láibrèri, -brəri]
❖ a village library 마을문고
❖ Please tell me the way to the library.
도서관으로 가는 길을 알려 주세요.

345
□ **factory** 몡 공장, 제조소

[fǽktəri]
- ❖ a factory hand 공원, 직공
- ❖ This factory produces steel.
  이 공장은 강철을 생산한다.

346
□ **giraffe** 몡 기린

[dʒərǽf/-rάːf]
- ❖ Sunflowers can grow as tall as giraffes.
  해바라기는 기린 키만큼 자랄 수 있다.

347
□ **hawk** 몡 매

[hɔːk]
- ❖ go hawking 매사냥하다
- ❖ Flapping its wings, the hawk flew into the sky. 매는 날갯짓하며 날아갔다.

348
□ **pigeon** 몡 비둘기

[pídʒən]
- ❖ a domestic pigeon 집비둘기
- ❖ The pigeon flapped away.
  비둘기는 날개치며 날아가 버렸다.

349
□ **bowl** 몡 사발, 그릇

[boul]
- ❖ a rice bowl 밥사발
- ❖ This cup will serve as a sugar bowl.
  이 컵은 설탕 그릇으로 알맞다.

350
□ **scene** 몡 장면, 현장, 풍경

[siːn]
- ❖ the scene of action 현장
- ❖ The scene gripped the spectators.
  그 장면은 관객의 눈을 끌었다.

351
□ **respect** 동 존경하다 몡 존경

[rispékt]
- ❖ in respect for ~에 경의를 표하여
- ❖ Our teacher is respected by every pupil.
  우리 선생님은 모든 학생에게 존경을 받고 있다.

352
□ **increase** 동 증가하다(반 decrease) 명 증가

[inkríːs]
- ❖ increase in power
  권력이 증대하다
- ❖ Her family increased.
  그녀의 가족이 늘었다.

353
□ **catch** 동 붙잡다, 잡다, 맞게 대다, 걸리다

활 catch-caught-caught

[kætʃ]
- ❖ catch a thief 도둑을 잡다
- ❖ Be careful not to catch a cold.
  감기에 걸리지 않도록 조심해라.

354
□ **supply** 동 공급하다, 배달하다 명 공급품

[səplái]
- ❖ supply electric power
  전력을 공급하다
- ❖ Cows supply us milk.
  암소는 우리에게 우유를 공급한다.

355
□ **order** 동 명령하다, 주문하다 명 명령, 주문

[ɔ́ːrdər]
- ❖ mail order 우편 주문
- ❖ I ordered ice cream.
  나는 아이스크림을 주문하였다.

356
□ **insult** 동 모욕하다, 창피를 주다 명 모욕

[ínsʌlt]
- ❖ bear an insult patiently
  모욕을 꾹 참다
- ❖ He was insulted in public.
  그는 여러 사람 앞에서 창피를 당했다.

357
□ **hope** 동 바라다, 희망하다 명 희망, 기대

[houp]
- ❖ beyond all hope 아주 절망적인
- ❖ I hope to see you again.
  또 만나 뵙기를 바랍니다.

358
□ **send**
[send] ⓥ 보내다, 파견하다 ⓐ send-sent-sent

❖ send forth 파견하다
❖ I need to send these letters today.
이 편지들을 오늘 보내야 한다.

359
□ **attack**
[ətǽk] ⓥ 공격하다, 침범하다 ⓝ 공격, 발병

❖ be attacked 공격을 받다
❖ Japan attacked Korea in the past.
일본은 과거에는 한국을 공격했다.

360
□ **exchange**
[ikstʃéindʒ] ⓥ 교환하다, 바꾸다 ⓝ 교환

❖ exchange information 정보를 교환하다
❖ I'd like to exchange this one for another.
다른 것으로 교환하고 싶습니다.

361
□ **pardon**
[pá:rdn] ⓥ 용서하다 ⓝ 용서

❖ ask for pardon 용서를 빌다
❖ I humbly beg your pardon.
제발 용서하세요.

362
□ **take**
[teik] ⓥ 잡다, 가지고 가다 ⓐ take-took-taken

❖ take pen in hand 펜을 들다
❖ He took her some flowers.
그는 그녀에게 꽃을 가져다주었다.

363
□ **delight**
[diláit] ⓥ 기쁘게 하다 ⓝ 기쁨

❖ the city delights 도시의 환락
❖ They were delighted at the news.
그 소식을 듣고 그들은 기뻐하였다.

364
□ **slip**
[slip] ⓥ 미끄러지다 ⓝ 미끄러짐

❖ let one's foot slip 발을 미끄러뜨리다
❖ Watch your step so as not to slip.
미끄러지지 않도록 조심해라.

365
□ **finish** ⓢ 끝내다, 완성하다 ⓗ 우수한

[fíniʃ]
❖ finish up the work 일을 끝내다
❖ Have you finished with this book?
이 책은 다 읽었습니까?

366
□ **claim** ⓢ 주장하다, 요구하다 ⓜ 요구, 주장

[kleim]
❖ a claim for damages 손해배상청구
❖ I have no claim on you.
나는 너에게 요구할 권리는 없다.

367
□ **import** ⓢ 수입하다 ⓜ 수입(ⓑ export 수출)

[impɔ́ːrt]
❖ import restrictions 수입 제한
❖ Who imported this machine part?
이 기계 부품 어디서 수입했습니까?

368
□ **wound** ⓢ 상처를 입히다 ⓜ 상처, 부상

[wuːnd/waund]
❖ a slight wound 경미한 상처
❖ The wound is festering.
상처가 짓무른다.

369
□ **decorated** ⓢ 장식하다, 꾸미다

[dékərèit]
❖ decorate beautifully 아름답게 꾸미다
❖ She decorated the room with flowers.
그녀는 방을 꽃으로 장식했다.

370
□ **deserve** ⓢ ~할 만하다, 받을 가치가 있다

[dizə́ːrv]
❖ deserve attention 주목할 만하다
❖ His conduct deserves praise.
그의 행동은 칭찬 받을 만하다.

371
□ survive [동] 살아남다 [명] 생존

[sərváiv]

❖ those who survive 생존자
❖ survive one's children
자식들보다 오래 살다

372
□ create [동] 창조하다, 창작하다

[kriːéit]

❖ create confidence 자신을 낳다
❖ Hanguel was created by King Sejong.
한글은 세종대왕에 의해 만들어졌다.

373
□ describe [동] 묘사하다, 기술하다

[diskráib]

❖ describe vividly 생생히 묘사하다
❖ What does the man describe?
남자는 무엇을 말하는가?

374
□ select [동] 선택하다, 고르다

[silékt]

❖ select a channel 채널을 고르다
❖ The man is selecting a hat.
남자가 모자를 고르고 있다.

375
□ hesitate [동] 주저하다, 망설이다 [명] 주저, 망설임

[hézətèit]

❖ hesitate about a matter
어떤 문제로 망설이다
❖ He who hesitates is lost.
주저하는 사람은 기회를 놓친다.

376
□ declare [동] 선언하다, 단언하다

[dikléər]

❖ declare war 전쟁을 선포하다
❖ Tom declared that he would come back.
탐은 돌아오겠다고 선언했다.

377
□ pretend [동] ~인 체하다, 가장하다

[priténd]

❖ with pretended kindness 친절을 가장하고
❖ They pretended not to know him.
그들은 그를 모르는 체했다.

□ struggle　圄 발버둥치다, 분투하다　圐 발버둥

[strʌ́gl]
* struggle for a living
  생계를 위해 악전고투하다
* I struggled in vain to escape.
  나는 도망치려고 발버둥쳤으나 헛일이었다.

□ explore　圄 탐험하다, 답사하다

[iksplɔ́ːr]
* an exploring expedition 탐험 여행
* They explored the new continent.
  그들은 신대륙을 탐험했다.

□ astonish　圄 놀라게 하다(圓 surprise)

[əstániʃ / -tɔ́n-]
* astonish the whole world
  전세계를 놀라게 하다
* The news astonished her.
  그 소식은 그녀를 깜짝 놀라게 했다.

□ disappoint　圄 실망시키다, 낙담시키다

[dìsəpɔ́int]
* a disappointed look 실망한 얼굴
* I'll try not to disappoint you.
  실망시켜드리지 않도록 노력하겠습니다.

□ attract　圄 마음을 끌다, 매혹하다

[ətrǽkt]
* attract attention 주의를 끌다
* Yes, I've been attracted to her.
  네, 저는 그녀에게 매혹 당했어요.

□ celebrate　圄 축하하다, 기리다, 경축하다

[séləbrèit]
* celebrate a war victory
  전승을 축하하다
* Tom was too sick to celebrate his birthday.
  탐은 병이 나서 자기 생일을 축하할 수 없었다.

384
□ **explode** 동 폭발시키다, 파열하다

[iksplóud]
- ❖ explode a bomb 폭탄을 폭발시키다
- ❖ The defective boiler exploded.
  결함 있는 보일러가 파열했다.

385
□ **include** 동 포함하다, 계산하다

[inklú:d]
- ❖ postage included 우송료를 포함하여
- ❖ Does this price include tax?
  이 가격에 세금도 포함된 건가요?

386
□ **protect** 동 보호하다(비 guard), 수호하다　명 보호

[prətékt]
- ❖ a protected state 보호국
- ❖ We should protect wild animals.
  우리는 야생 동물을 보호해야만 한다.

387
□ **introduce** 동 소개하다, 도입하다

[ìntrədjú:s]
- ❖ introduce a new fashion 새 유행을 소개하다
- ❖ Let me introduce myself. 저를 소개하겠어요.

388
□ **produce** 동 생산하다, 산출하다　명 생산물

[prədjú:s]
- ❖ be produced also in Korea
  한국에서도 생산되다
- ❖ This factory produces steel.
  이 공장은 강철을 생산한다.

389
□ **chase** 동 추격하다, 쫓다　명 추격

[tʃeis]
- ❖ chase about 바쁘게 돌아다니다
- ❖ The police chased after the murderer.
  경찰은 살인범을 추적했다.

390
□ **scratch** 동 할퀴다, 긁다

[skrætʃ]
- ❖ scratch with claws 발톱으로 할퀴다
- ❖ The pin scratched my arm.
  나는 핀에 팔이 긁혔다.

391
□ **crash**

[kræʃ]

동 충돌하다, 무너지다   명 충돌, 추락

❖ a train crash 열차 충돌
❖ Two cars crashed on that curve.
두 대의 차가 저 커브에서 충돌했다.

392
□ **stare**

[stɛər]

동 응시하다(비 gaze), 빤히 보다

❖ stare at 빤히 쳐다보다
❖ She stared at me in astonishment.
그녀는 놀라워하면서 나를 응시했다.

393
□ **gaze**

[geiz]

동 응시하다, 바라보다

❖ stand at gaze 응시하고 있다
❖ They gazed out over the open field.
그들은 광활한 들판을 바라보았다.

394
□ **scare**

[skɛər]

동 놀라게 하다, 놀라다, 겁내다

❖ scared shitless 몹시 놀라서
❖ I didn't mean to scare you.
너를 놀라게 하려던 게 아니야.

395
□ **grab**

[græb]

동 움켜잡다, 붙잡다

❖ grab at a chance 기회를 잡다
❖ He grabbed me by the collar.
그는 내 멱살을 그러잡았다.

396
□ **discuss**

[diskʌs]

동 의논하다, 토론하다

❖ discuss literature 문학을 논하다
❖ I discussed the problem with him.
나는 그와 그 문제를 논의했다.

397

□ **shrug**

[ʃrʌg]

🅢 어깨를 으쓱하다　🅜 어깨를 으쓱하기

❖ shrug away 무시해 버리다
❖ He just shrugs when I ask him.
　그는 내가 그에게 물어볼 때 단지 어깨를 으쓱해요.

398

□ **sniff**

[snif]

🅢 냄새맡다　🅜 퀴퀴한 냄새

❖ give a sniff 냄새를 맡아보다
❖ The dog sniffed at the stranger.
　개는 낯선 사람의 냄새를 킁킁대며 맡았다.

399

□ **scream**

[skri:m]

🅢 소리치다　🅜 비명

❖ let out a scream 고함을 지르다
❖ She screamed for help.
　그녀는 도와달라고 비명을 질렀다.

400

□ **rid**

[rid]

🅢 제거하다, 해방하다

❖ get rid of the cause 원인을 제거하다
❖ This toilet cleaner gets rid of germs.
　이 변기 청소제는 병원균을 제거한다.

401

□ **surround**

[səráund]

🅢 에워싸다, 둘러싸다

❖ surround the enemy 적을 에워싸다
❖ Jejudo is surrounded by the sea.
　제주도는 바다에 둘러싸여 있다.

402

□ **carve**

[kɑ:rv]

🅢 새기다, 조각하다

❖ carve in stone 돌을 새기다
❖ He carved a statue of wood.
　그는 목상을 조각했다.

403

□ **except**

[iksépt]

🅢 제외하다(🅑 include 포함하다)
🅟 ~을 제외하고는

❖ except on Sunday 일요일 이외에
❖ He went nowhere except to school.
　그는 학교 외에는 아무 데도 가지 않았다.

404
□ **invent** [동] 발명하다, 고안하다 [명] 발명

[invént]

- invent a reason 이유를 지어내다
- Watt invented the steam engine.
  와트는 증기기관을 발명했다.

405
□ **search** [동] 찾다, 수색하다 [명] 수색

[səːrtʃ]

- a narrow search 철저한 수색
- He searched through his papers.
  그는 서류를 뒤지면서 찾았다.

406
□ **abuse** [동] 남용하다, 학대하다 [명] 남용, 오용

[əbjúːz]

- abuse public instruments 공기를 남용하다
- The Mayor has abused his position of power. 시장은 직권을 남용했다.

407
□ **owe** [동] 힘입다, 빚(의무)이 있다

[ou]

- owe money 빚을 지다
- He owes much to his father.
  그는 부친에게 힘입은 바 크다.

408
□ **bless** [동] 축복하다

[bles]

- God bless you!
  신의 가호가 있기를!

409
□ **replace** [동] 제자리에 놓다, 바꾸다([비] substitute)

[ripléis]

- replace able 바꾸어 대신이 될 수 있는
- A replaces B as pitcher.
  A가 B를 대신하여 투수가 된다.

410
□ **collect** [동] 모으다, 수집하다

[kəlékt]

- collect stamps 우표를 수집하다
- He goes insect collecting every Sunday.
  그는 일요일마다 곤충을 채집하러 간다.

411
□ **upset** 동 뒤엎다, 당황하게 한다
[ʌpsét]
- ❖ upset one's expectation 예상을 뒤엎다
- ❖ She was upset by his uncivil remarks.
  그녀는 그의 무례한 말들에 당황해했다.

412
□ **arrest** 동 체포하다 명 체포
[ərést]
- ❖ arrest a person for murder
  ~을 살인 혐의로 체포하다
- ❖ There is no alternative but to arrest you.
  너를 체포하는 수밖에 없다.

413
□ **prove** 동 증명하다, 판명되다 명 증명, 증거
[pruːv]
- ❖ prove innocence 무죄를 증명하다
- ❖ Can you prove it? 그것을 증명할 수 있느냐?

414
□ **yell** 동 고함치다, 외치다
[jel]
- ❖ yell for help 도와달라고 외치다
- ❖ He yells at the children.
  그는 아이들에게 호통을 친다.

415
□ **howl** 동 짖다, 울부짖다 명 짖는 소리
[haul]
- ❖ howling wind 우짖는 바람
- ❖ A pack of wolves are howling.
  한 떼의 이리들이 울부짖고 있다.

416
□ **halt** 동 정지하다, 멈춰 서다(비 stop) 명 정지
[hɔːlt]
- ❖ bring to a halt 정지시키다
- ❖ The train halted at the signal.
  기차는 신호등에서 멈춰 섰다.

Tip

collect 참고 re-collect 다시 모으다 collect taxes 세금을 징수하다
유의어 gather 모으다, 수집하다

417
□ **leak**

(동) 새다, 새어나오다   (명) 새는 구멍

[liːk]
- the roof leaks 지붕이 새다
- That pipe leaks gas.
  저 파이프는 가스가 샌다.

418
□ **behave**

(동) 행동하다(비 act)

[bihéiv]
- behave well 예절 바르게 행동하다
- He behaves just like a puppet.
  그는 꼭두각시처럼 행동한다.

419
□ **wrap**

(동) 싸다, 포장하다

[ræp]
- be wrapped up in a blanket
  담요를 둘러쓰다
- Shall I wrap the gift? 선물을 포장할까요?

420
□ **locate**

(동) 위치하다

[loukéit]
- locate a house 집을 찾다
- Scotland is located in the north of
  England. 스코틀랜드는 영국 북쪽에 위치해있다.

421
□ **charge**

(동) 청구하다   (명) 요금, 대가, 책임

[tʃɑːrdʒ]
- fall charges included 모든 요금을 포함하여
- What's the charge for parking here?
  여긴 주차 요금이 얼마입니까?

422
□ **review**

(동) 복습하다   (명) 비평

[rivjúː]
- review the lessons 학과를 복습하다
- What is the title of the book being
  reviewed? 비평을 받고 있는 책의 제목은 무엇인가?

423

□ **refuse** 동 거절하다(반 accept 받아들이다), 사퇴하다

[rifjúːz]

* refuse flatly 딱 거절하다
* He refused to give us his name.
  그는 이름을 알려주기를 거절했어요.

424

□ **complain** 동 불평하다, 투덜거리다

[kəmpléin]

* complain of little supply
  공급이 적다고 투덜거리다
* You're always complaining.
  너는 항상 불평을 한다.

425

□ **remain** 동 남다, 머무르다 명 유적

[riméin]

* remain abroad 국외에 체류하다
* Nothings remains to me.
  나에게는 아무것도 남아 있지 않다.

426

□ **warn** 동 경고하다, 주의하다

[wɔːrn]

* warn away 접근하지 않도록 경고하다
* I shall not warn you again!
  두 번 다시 경고하지 않겠다!

427

□ **bend** 동 (의지를) 굽히다, 구부러지다

[bend]

* She bent over the child.
  그 여자는 아이 쪽으로 몸을 구부렸다.
* I bent the wire. 나는 그 철사를 구부렸다.

428

□ **suffer** 동 겪다, 괴로워하다

[sʌ́fər]

* suffer change 변화를 겪다
* The patient was suffering severely.
  환자는 몹시 괴로워했다.

429

□ **whisper** 동 속삭이다 명 속삭임

[hwíspər]

* whisper to each other 서로 속삭이다
* He whispered to me in the class.
  그는 수업 중에 나에게 속삭였다.

430
□ **prepare** [동] 준비하다, 채비하다

[pripέər]

❖ prepare a lecture 강의 준비를 하다

❖ They're preparing the meal.

사람들이 식사를 준비하고 있다.

431
□ **roar** [동] 으르렁거리다, 울부짖다

[rɔːr]

❖ roar with rage 성나서 부르짖다

❖ The tiger was roaring.

호랑이가 포효하고 있었다.

432
□ **float** [동] 뜨다, 떠오르다([반] sink)

[flout]

❖ float a log raft 뗏목을 띄우다

❖ The houses float on the sea.

그 집들은 바다 위에 떠 있다.

433
□ **drag** [동] 끌다, 질질 끌다

[dræg]

❖ drag the skirt 옷자락을 끌다

❖ She dragged the heavy trunk.

그녀는 무거운 트렁크를 질질 끌었다.

434
□ **overhear** [동] 엿듣다, 도청하다

[òuvərhíər]

❖ overhear talk 남의 이야기를 엿듣다

❖ I overheard snatches of the conversation.

나는 그 대화를 군데군데 엿들었다.

435
□ **slide** [동] 미끄러지다 [명] 미끄럼틀

[slaid]

❖ slide down 찍 미끄러지다

❖ You have to slide one by one.

한 명씩 한 명씩 미끄럼틀을 타야 합니다.

436
□ **suck** [동] 빨다, 핥다

[sʌk]

❖ suck the breast 젖을 빨다

❖ Mosquitoes suck the blood of people and animals.

모기들은 사람과 동물의 피를 빨아먹는다.

437
□ **bother** [동] 괴롭히다, 귀찮게 하다([비] annoy)

[bɑ́ðər/bɔ́ð-]

❖ Bother you! 귀찮다!
❖ Do not bother me while I work.
일하는 동안은 나를 귀찮게 하지마라.

438
□ **deal** [동] 분배하다, 다루다 [명] 거래

[diːl]

❖ give a fair deal 공평히 다루다
❖ He is hard to deal with.
그는 다루기 힘든 사람이다.

439
□ **treat** [동] 취급하다, 다루다

[triːt]

❖ treat as a gentleman 신사로 취급하다
❖ Don't treat others wildly.
다른 사람들을 난폭하게 다루지 말아라.

440
□ **destroy** [동] 파괴하다([비] ruin), 멸망시키다

[distrɔ́i]

❖ be totally destroyed 완전히 파괴하다
❖ A match can destroy the whole forest.
성냥은 숲전체를 파괴할 수 있다.

441
□ **accept** [동] 받다, 받아들이다([비] receive, [반] refuse 거절하다)

[æksépt]

❖ accept the explanation as true
설명을 진실로서 받아들이다
❖ Did you accept his offer?
당신은 그의 제안을 받아들였는가?

442
□ **depend** [동] (on ~) ~에 의존하다, ~에 달려 있다

[dipénd]

❖ depend on a pension 연금에 의존하다
❖ The children depend on her.
아이들은 그녀를 의지하고 있다.

deal 참고 a raw deal 부당한 대우 deal up 뒷거래를 하다
유의어 transaction 거래

Part I 18일 Point up

443
□ nod
[동] 끄덕이다, 꾸벅꾸벅 졸다 [명] 묵례

[nɑd / nɔd]

- sit nodding 앉은 채로 졸다
- Jane nodded her head in agreement.
  Jane는 승낙으로 그녀의 머리를 끄덕였다.

444
□ remove
[동] 옮기다, 벗다, 제거하다

[rimú:v]

- remove a bad smell 악취를 없애다
- I had to remove rust from the bookshelf.
  나는 책장의 녹을 제거해야만 했다.

445
□ beat
[동] 치다, 때리다, 이기다 [활] beat-beat-beaten

[bi:t]

- beat a drum 북을 치다
- He beat the glass and it broke to pieces.
  그는 유리를 쳐서 산산조각으로 깼다.

446
□ clap
[동] (손뼉을) 치다 [명] 박수

[klæp]

- clap one's hands 손뼉을 치다
- The excited crowd clapped loudly.
  흥분한 관중은 크게 박수를 쳤다.

447
□ feed
[동] 먹을 것을 주다, 기르다

[fi:d]

- feed a horse with hay
  말에게 건초를 먹이로 주다
- The man is feeding the birds.
  남자가 새들에게 모이를 주고 있다.

448
□ obtain
[동] 획득하다([비] acquire), 얻다

[əbtéin]

- obtain permission 허가를 얻다
- His work obtained him great fame.
  그 연구로써 그는 명성을 얻었다.

449

□ **drown**

[draun]

동 빠뜨리다, 익사시키다

❖ a drowned body 익사체
❖ He was almost drowned.
그는 익사할 뻔했다.

450

□ **remind**

[rimáind]

동 생각나게 하다(반 forget 잊다), 상기시키다

❖ as I am reminded of 생각난 김에
❖ The picture reminds me of my hometown.
그림은 나의 고향을 생각나게 한다.

451

□ **occur**

[əkə́:r]

동 일어나다, (생각이) 떠오르다

❖ a disturbance occurs 소동이 일어나다
❖ A good idea occurred to me.
좋은 생각이 떠올랐다.

452

□ **ache**

[eik]

동 아프다, 쑤시다   명 아픔

❖ every joint aches 마디마디가 아프다
❖ My head aches.
머리가 아프다.

453

□ **repeat**

[ripí:t]

동 되풀이하다, 반복하다   명 반복

❖ Repeat oneself 되풀이하여 말하다
❖ Repeat this sentence after me.
나를 따라 이 문장을 반복하시오.

454

□ **attend**

[əténd]

동 ~에 참석하다, 시중들다

❖ attend a meeting 모임에 참석하다
❖ How many people will attend?
몇 사람이 참석할 것인가?

455

□ **sigh**

[sai]

동 한숨 쉬다, 탄식하다   명 한숨

❖ with a sigh 한숨 쉬며
❖ He sighed out your name.
그는 탄식하며 네 이름을 불렀다.

456
□ **pray** [동] 빌다, 기도하다 [명] 기도

[prei]

❖ pray for pardon 용서를 빌다

❖ He prayed for courage.
그는 용기를 달라고 기도했습니다.

457
□ **press** [동] 누르다, 압박하다

[pres]

❖ press the bell 초인종을 누르다

❖ What happens if I press this button?
이 버튼을 누르면 어떻게 되나요?

458
□ **follow** [동] 따르다, 좇다

[fálou/fɔ́lou]

❖ follow a precedent 전례에 따르다

❖ A strange dog followed me.
낯선 개가 내 뒤를 따라왔다.

459
□ **hate** [동] 미워하다([비] dislike), 싫어하다 [명] 미움

[heit]

❖ hate the sight 보기 싫다

❖ He hates me for it.
그는 그 일 때문에 나를 미워한다.

460
□ **frighten** [동] 깜짝 놀라게 하다

[fráitn]

❖ be frightened at ~에 놀라다

❖ Don't frighten me.
놀라게 하지 마라.

461
□ **shout** [동] 외치다 [명] 외침, 환호

[ʃaut]

❖ shout with joy 환호하다

❖ She shouted out in pain.
그녀는 아파서 비명을 질렀다.

462
□ **mention** [동] 말하다 [명] 언급

[ménʃən]

❖ make mention of ~에 언급하다

❖ Did he mention me?
그가 내 말을 하던?

463
□ waste [동] 낭비하다 [명] 낭비, 쓰레기

[weist]

- industrial waste 산업 폐기물
- Don't waste your time on the game.
  게임으로 시간을 낭비하지 마라.

464
□ borrow [동] 빌리다([반] lend 빌려주다), 차용하다

[bɔ́ːrou/bɑ́r-]

- borrow books from the library
  도서관에서 책을 빌리다
- May I borrow your umbrella?
  우산 좀 빌려주시겠습니까?

465
□ invade [동] 침략하다, 침해하다

[invéid]

- invade territorial sky 영공을 침범하다
- Napoleon invaded in Egypt.
  나폴레옹은 이집트를 침략하였다.

466
□ strike [동] 치다, 때리다 [활] strike–struck–struck
[명] 타격

[straik]

- strike a medal 메달을 두들겨 만들다
- Lightning[A thunderbolt] strikes a tree.
  벼락이 나무를 친다.

467
□ cross [동] 가로지르다, 교차하다 [명] 십자가

[krɔːs / krɔs]

- cross a check 수표에 횡선을 긋다
- The two lines cross at right angles.
  두 선은 직각으로 교차한다.

468
□ earn [동] 벌다, 획득하다, 얻다

[əːrn]

- earn one's bread 생활비를 벌다
- How much do you earn a month?
  한달 수입은 얼마나 되십니까?

Tip

mention 어법 mention 하는 내용은 사실이어야 한다.
참고 don't mention it 천만에 말씀

469

□ **chew**

[tʃuː]

동 씹다, 깊이 생각하다

❖ chew food 음식을 씹다
❖ Don't chew gum while talking to someone.
누군가와 말할 때에는 껌을 씹지 말라.

470

□ **hear**

[hiər]

동 듣다, 들리다 활 hear-heard-heard

❖ hear a voice 말소리가 들리다
❖ Did you hear him go out?
그가 나가는 소리를 들었니?

471

□ **prefer**

[prifə́ːr]

동 오히려 ~을 좋아하다 명 선호

❖ prefer a daughter to a son 딸을 선호하다
❖ I prefer dogs rather than cats.
난 고양이보다는 개를 더 좋아한다.

472

□ **forgive**

[fərgív]

동 용서하다, 면제하다
활 forgive-forgave-forgiven

❖ ready to forgive 기꺼이 용서하는
❖ Forgive us our trespasses.
우리의 죄를 용서하소서.

473

□ **praise**

[preiz]

동 칭찬하다, 찬미하다 명 칭찬, 찬양

❖ win high praise 칭찬을 받다
❖ His conduct deserves praise.
그의 행동은 칭찬 받을 만하다.

474

□ **admire**

[ædmáiər/əd-]

동 감탄하다, 칭찬하다, 찬양하다

❖ admire the mountain scenery
산의 경치를 찬탄하다

❖ I admire at your performance.
네 연기에 감탄한다.

475
□ appreciate 동 감사하다, 감상하다

[əprí:ʃièit]

❖ appreciate art 예술을 감상하다
❖ I appreciate your help.
도와주신 데 대해 감사드립니다.

476
□ cheer 동 갈채하다, 응원하다　명 갈채, 응원

[tʃiər]

❖ give a cheer 갈채하다
❖ He spoke words of cheer.
그는 격려의 말을 했다.

477
□ realize 동 실현하다, 실감하다, 깨닫다

[rí:əlàiz]

❖ make realize his mistake
사람의 잘못을 깨우치다
❖ His dream of going abroad was finally realized.
외국에 가는 그의 꿈은 마침내 실현되었다.

478
□ achieve 동 달성하다, 성취하다

[ətʃí:v]

❖ achieve a great work 위업을 성취하다
❖ Do your best to achieve your purpose.
당신의 목적을 달성하기 위하여 최선을 다하십시오.

479
□ succeed 동 성공하다, 계속되다, 뒤를 잇다

[səksí:d]

❖ succeed to the throne 황위를 잇다
❖ He is sure to succeed.
그가 성공할 것은 확실하다.

480
□ swing 동 흔들리다, 매달리다　명 그네

[swiŋ]

❖ ride in a swing 그네를 타다
❖ The door swung in the wind.
문이 바람에 흔들렸다.

481
□ **wish** [동] 바라다, 빌다 [명] 소원, 바람

[wiʃ]

❖ wish money 돈을 바라다
❖ I wish to go abroad. 나는 외국에 가보고 싶다.

482
□ **concentrate** [동] 집중하다, 전념하다

[kánsəntrèit/kɔ́n-]

❖ concentrate one's attention
주의를 집중하다
❖ She couldn't concentrate on her work.
그녀는 자신의 일에 집중할 수 없었다.

483
□ **consider** [동] 생각하다, ~을 참작하다

[kənsídər]

❖ all things considered 만사를 고려하여
❖ I considered what to buy there.
나는 그 곳에서 무엇을 사야 할지 생각하였다.

484
□ **give** [동] 주다, 치르다, 말하다 [활] give-gave-given

[giv]

❖ gave a title 직함을 주다
❖ He gave a book to me.
그는 나에게 책을 주었다.

485
□ **support** [동] 지탱하다, 부양하다 [명] 후원, 부양

[səpɔ́ːrt]

❖ support a family 가족을 부양하다
❖ He had no friends to support him.
그에게는 자기를 지지해 줄 친구들이 없었다.

486
□ **cooperate** [동] 협력하다, 협동하다

[kouápərèit/-ɔ́p-]

❖ cooperate with him 그와 협력하다
❖ I cooperated with my friends in doing the work. 나는 친구들과 협력해서 그 일을 했다.

487
□ **develop** [동] 발전시키다, 발육하다, 개발하다

[divéləp]

❖ develop muscles 근육을 발달시키다
❖ You can develop an image that you like.
네가 좋아하는 이미지를 개발할 수 있다.

488
□ **get**   동 얻다, 받다, 사다, 도착하다   활 get-got-got

[get]
* get for nothing 공으로 얻다
* John will get the prize. 존은 상을 탈 것이다.

489
□ **solve**   동 풀다, 해결하다

[sɑlv/ sɔlv]
* solve a problem 문제를 풀다
* We solved the puzzle together.
  우리는 같이 퍼즐을 풀었다.

490
□ **guide**   동 안내하다   명 안내자

[gaid]
* guide sightseers 관광객을 안내하다
* The book is a comprehensive guide to Korea. 그 책은 한국에 대한 포괄적인 안내서이다.

491
□ **knock**   동 두드리다, 부딪치다   명 노크

[nɑk / nɔk]
* knock away 두들겨서 떼다
* She knocked the door again.
  그녀는 다시 문을 노크했다.

492
□ **begin**   동 시작되다, 시작하다
         활 begin-began-begun

[bigín]
* begin again 다시 시작하다
* When does the concert begin?
  언제 연주회가 시작됩니까?

493
□ **escape**   동 도망하다, 모면하다   명 도망

[iskéip]
* escape from reality 현실에서의 도피
* The boy struggled to escape.
  그 소년은 도망치려고 몸부림쳤다.

494
□ **perform**   동 실행하다, 수행하다   형 ~할 수 있는

[pərfɔ́ːrm]
* perform a task 일을 다하다
* He performed his duty without difficulty.
  그는 무난히 임무를 수행했다.

Part I 20일 Point up

495
□ **answer** [동] 대답하다([반] ask 묻다), 답장하다
[명] 대답([비] reply)

[ǽnsər/ɑ́:n-]
❖ in answer to ~에 답하여
❖ She answered my questions.
그 여자는 내 질문에 답하였다.

496
□ **report** [동] 보고하다 [명] 보고서

[ripɔ́:rt]
❖ a false report 허위 보고
❖ What problem is reported?
어떤 문제가 보고되었는가?

497
□ **forget** [동] 잊다, 망각하다 [활] forget-forgot-forgotten

[fərgét]
❖ clean forget 깨끗이 잊어버리다
❖ I couldn't forget the sunset from the beach.
해변에서 바라본 일몰을 잊을 수가 없었다.

498
□ **hunt** [동] 사냥하다, 추적하다, 수렵하다

[hʌnt]
❖ hunt down 끝까지 추적하다
❖ He likes to hunt rabbits.
그는 토끼 사냥을 좋아한다.

499
□ **fly** [동] 날다, 띄우다 [활] fly-flew-flown [명] 파리

[flai]
❖ fly a kite 연을 띄우다
❖ How many legs does a fly have?
파리는 다리가 몇 개입니까?

500
□ **download** [동] 내려받다

[dáunlòud]
❖ We can download songs on the Internet.
우리는 인터넷에서 노래를 내려받을 수 있다.

501

□ **poor** 혱 가난한, 서투른, 불쌍한, 하찮은

[puə*r*]
* a poor picture 서투른 그림
* He was poor when he was young.
  그 사람은 어렸을 때 가난했다.

502

□ **cute** 혱 귀여운, 영리한, 멋진

[kju:t]
* completely cute 핸섬한, 미남의
* A cute girl is running in the field.
  귀여운 소녀가 들판에서 달리고 있다.

503

□ **public** 혱 공공의, 공중의(彤 private 사립의)
혱 공중, 대중

[pʌ́blik]
* a public bath 공중목욕탕
* She is using the public phone.
  그녀는 공중전화를 사용 중이다.

504

□ **senior** 혱 손위의, 연상의 몡 연장자
(彤 junior 손아래의)

[síːjə*r*]
* the village seniors 마을의 연장자들
* He is two years my senior.
  그는 나보다 두 살 연장입니다.

505

□ **general** 혱 일반적인(彤 special 특별한) 몡 육군 대장

[dʒénərəl]
* a general idea 일반 관념
* The general seems to be very popular.
  그 장군의 인기가 대단한 것 같아요.

506

□ **principal** 혱 주된, 주요한 몡 교장, 단체의 장

[prínsəpəl]
* a principal cause 주요한 원인
* Our principal is very generous.
  우리 교장 선생님은 매우 인자하시다.

507

□ **hollow** 혱 속이 빈, 우묵한 몡 움푹 들어간 곳

[hálou / hɔ́l-]
* hollow cheeks 우묵한 뺨
* The tree is hollow. 그 나무는 속이 비어 있다.

508
□ patient
(형) 인내심 강한 (명) 참을성, 환자

[péiʃənt]
- ❖ take care of a patient 환자를 보살피다
- ❖ Colors affect patients.
  색은 환자들에게 영향을 미친다.

509
□ evil
(형) 나쁜, 불길한 (명) 악

[íːvəl]
- ❖ good and evil 선과 악
- ❖ The novel is about an evil king.
  그 소설은 어떤 나쁜 왕에 관한 것이다.

510
□ academic
(형) 학술적인, 이론적인

[æ̀kədémik]
- ❖ academic work 공부 학업
- ❖ James is working on an academic project.
  제임스는 학문적인 프로젝트에 종사하고 있다.

511
□ easy
(형) 안락한, 쉬운(반 difficult 어려운)

[íːzi]
- ❖ easy of access 접근하기 쉬운
- ❖ It is easy to read and write Hangeul.
  한글을 읽고 쓰는 것은 쉽다.

512
□ dangerous
(형) 위험한(반 safe), 위태로운

[déindʒərəs]
- ❖ a dangerous drug 중독성 약
- ❖ It is dangerous to swim in this river.
  이 강에서 헤엄치는 것은 위험하다.

513
□ complete
(형) 완전한 (동) 완성시키다, 끝내다(비 finish)

[kəmplíːt]
- ❖ a complete victory 완전한 승리
- ❖ She is in partnership with him to complete
  the task.
  그녀는 그와 협력하여 일을 완성할 것이다.

514
□ excellent
(형) 우수한, 뛰어난

[éksələnt]
- ❖ an excellent film 우수한 영화

❖ You are an excellent student.
당신은 훌륭한 학생이다.

515
□ **competent** 휑 유능한(비 able), 충분한, 적임의

[kámpətənt/kɔ́m-] ❖ a competent man 유능한 사람
❖ He was a competent secretary.
그는 유능한 비서였다.

516
□ **religious** 휑 종교적인, 신앙심이 깊은

[rilídʒəs] ❖ religious liberty 신앙의 자유
❖ She is very religious.
그녀는 신앙심이 매우 깊다.

517
□ **favorite** 휑 아주 좋아하는 몡 마음에 드는 것

[féivərit] ❖ my favorite movie star
내가 좋아하는 영화배우
❖ My favorite sport is football.
내가 가장 좋아하는 운동은 축구이다.

518
□ **entire** 휑 전체의(비 whole), 완전한

[entáiər] ❖ the entire period 전全 기간
❖ The hospital serves the entire city.
그 병원은 그 도시 전체의 환자를 떠맡고 있다.

519
□ **primary** 휑 첫째의, 주요한, 기초적인

[práimèri/-məri] ❖ a primary role 주요한 역할
❖ His primary reason for going was to
see her. 그가 가는 주요한 이유는 그녀를 만나기
위함이었다.

520
□ **similar** 휑 유사한, 비슷한

[símələr] ❖ similar figures 닮은꼴
❖ Let us take a similar instance.
그것과 비슷한 경우를 생각해 보자.

261 □ **rule** 몡 규칙, 습관
262 □ **suitcase** 몡 여행가방
263 □ **weight** 몡 무게, 체중
264 □ **function** 몡 기능, 작용
265 □ **mail** 몡 우편
266 □ **log** 몡 통나무
267 □ **hut** 몡 오두막집
268 □ **tax** 몡 세금, 세
269 □ **dye** 몡 물감, 염료
270 □ **flame** 몡 불꽃, 화염
271 □ **shape** 몡 모양, 형상
272 □ **chest** 몡 가슴, 흉부
273 □ **client** 몡 고객, 의뢰인
274 □ **chain** 몡 쇠사슬, 사슬
275 □ **cost** 몡 가격, 비용
276 □ **coast** 몡 해안, 연안
277 □ **circle** 몡 원, 집단
278 □ **heart** 몡 심장, 마음
279 □ **kindness** 몡 친절
280 □ **nature** 몡 자연, 성질
281 □ **fever** 몡 열, 발열
282 □ **tongue** 몡 혀, 국어
283 □ **trust** 몡 신뢰, 신용
284 □ **whisker** 몡 구레나룻
285 □ **prison** 몡 교도소, 감옥
286 □ **blood** 몡 피, 혈액
287 □ **loaf** 몡 빵 한 덩어리
288 □ **list** 몡 목록, 명부
289 □ **fence** 몡 울타리, 담
290 □ **enemy** 몡 적, 적군
291 □ **thief** 몡 도둑, 좀도둑
292 □ **data** 몡 자료, 데이터
293 □ **soldier** 몡 군인, 병사
294 □ **musician** 몡 음악가
295 □ **capital** 몡 수도, 자본
296 □ **course** 몡 진로, 과정
297 □ **justice** 몡 정의, 공정
298 □ **diary** 몡 일기, 일기장
299 □ **squirrel** 몡 다람쥐
300 □ **dawn** 몡 새벽
301 □ **shadow** 몡 그림자
302 □ **ditch** 몡 도랑, 개천
303 □ **truth** 몡 진실, 진리
304 □ **crew** 몡 탑승원, 승무원

305 □ **stomach** 몡 위, 복부, 배
306 □ **mercy** 몡 자비, 연민
307 □ **neighbor** 몡 이웃 사람
308 □ **servant** 몡 하인, 고용인
309 □ **hunger** 몡 공복, 배고픔
310 □ **tomb** 몡 묘, 무덤
311 □ **taste** 몡 맛, 취미
312 □ **sign** 몡 기호, 신호
313 □ **stair** 몡 계단, 층계계단
314 □ **trip** 몡 (짧은) 여행
315 □ **desire** 몡 바람, 소망
316 □ **brain** 몡 뇌, 머리
317 □ **trumpet** 몡 트럼펫, 나팔
318 □ **speech** 몡 말, 연설
319 □ **courage** 몡 용기, 담력
320 □ **thumb** 몡 엄지손가락
321 □ **horn** 몡 뿔나팔, 경적
322 □ **chief** 몡 장(長), 우두머리
323 □ **trousers** 몡 (남자의) 바지
324 □ **challenge** 몡 도전
325 □ **prince** 몡 왕자
326 □ **force** 몡 힘, 폭력
327 □ **sight** 몡 광경, 경치, 시력
328 □ **space** 몡 공간, 우주
329 □ **wool** 몡 양털, 털실
330 □ **expressway** 몡 고속도로
331 □ **science** 몡 과학
332 □ **examination** 몡 시험
333 □ **average** 몡 평균, 평균값
334 □ **jar** 몡 병, 항아리
335 □ **salt** 몡 소금 혱 짠
336 □ **death** 몡 죽음
337 □ **saw** 몡 톱
338 □ **grain** 몡 곡물, 낟알
339 □ **eraser** 몡 지우개
340 □ **alphabet** 몡 알파벳
341 □ **shoulder** 몡 어깨
342 □ **nephew** 몡 조카
343 □ **niece** 몡 조카딸
344 □ **library** 몡 도서관, 서재
345 □ **factory** 몡 공장, 제조소
346 □ **giraffe** 몡 기린
347 □ **hawk** 몡 매
348 □ **pigeon** 몡 비둘기

349 □ **bowl** 몡 사발, 그릇
350 □ **scene** 몡 장면, 현장
351 □ **respect** 동 존경하다
352 □ **increase** 동 증가하다
353 □ **catch** 동 붙잡다, 잡다
354 □ **supply** 동 공급하다
355 □ **order** 동 명령하다
356 □ **insult** 동 모욕하다
357 □ **hope** 동 바라다
358 □ **send** 동 보내다
359 □ **attack** 동 공격하다
360 □ **exchange** 동 교환하다
361 □ **pardon** 동 용서하다
362 □ **take** 동 잡다
363 □ **delight** 동 기쁘게 하다
364 □ **slip** 동 미끄러지다
365 □ **finish** 동 끝내다
366 □ **claim** 동 주장하다
367 □ **import** 동 수입하다
368 □ **wound** 동 상처를 입히다
369 □ **decorate** 동 장식하다
370 □ **deserve** 동 ~할 만하다
371 □ **survive** 동 살아남다
372 □ **create** 동 창조하다
373 □ **describe** 동 묘사하다
374 □ **select** 동 선택하
375 □ **hesitate** 동 주저하다
376 □ **declare** 동 선언하다
377 □ **pretend** 동 ~인 체하다
378 □ **struggle** 동 발버둥 치다
379 □ **explore** 동 탐험하다
380 □ **astonish** 동 놀라게 하다
381 □ **disappoint** 동 실망시키다
382 □ **attract** 동 마음을 끌다
383 □ **celebrate** 동 축하하다
384 □ **explode** 동 폭발시키다
385 □ **include** 동 포함하다
386 □ **protect** 동 보호하다
387 □ **introduce** 동 소개하다
388 □ **produce** 동 생산하다
389 □ **chase** 동 추격하다
390 □ **scratch** 동 할퀴다, 긁다
391 □ **crash** 동 충돌하다
392 □ **stare** 동 응시하다

393 □ **gaze** 동 응시하다

394 □ **scare** 동 놀라게 하다

395 □ **grab** 동 움켜잡다

396 □ **discuss** 동 의논하다

397 □ **shrug** 동 어깨를 으쓱하다

398 □ **sniff** 동 냄새맡다

399 □ **scream** 동 소리치다

400 □ **rid** 동 제거하다

401 □ **surround** 동 에워싸다

402 □ **carve** 동 새기다

403 □ **except** 동 제외하다

404 □ **invent** 동 발명하다

405 □ **search** 동 찾다

406 □ **abuse** 동 남용하다

407 □ **owe** 동 힘입다

408 □ **bless** 동 축복하다

409 □ **replace** 동 제자리에 놓다

410 □ **collect** 동 모으다

411 □ **upset** 동 뒤엎다

412 □ **arrest** 동 체포하다

413 □ **prove** 동 증명하다

414 □ **yell** 동 고함치다, 외치다

415 □ **howl** 동 짖다, 울부짖다

416 □ **halt** 동 정지하다

417 □ **leak** 동 새다

418 □ **behave** 동 행동하다

419 □ **wrap** 동 싸다, 포장하다

420 □ **locate** 동 위치하다

421 □ **charge** 동 청구하다

422 □ **review** 동 복습하다

423 □ **refuse** 동 거절하

424 □ **complain** 동 불평하다

425 □ **remain** 동 남다

426 □ **warn** 동 경고하다

427 □ **bend** 동 (의지를) 굽히다

428 □ **suffer** 동 겪

429 □ **whisper** 동 속삭이다

430 □ **prepare** 동 준비하다

431 □ **roar** 동 으르렁거리다

432 □ **float** 동 뜨다, 떠오르다

433 □ **drag** 동 끌다, 질질 끌다

434 □ **overhear** 동 엿듣다

435 □ **slide** 동 미끄러지다

436 □ **suck** 동 빨다, 핥다

437 □ **bother** 동 괴롭히다

438 □ **deal** 동 분배하다, 다루다

439 □ **treat** 동 취급하다, 다루다

440 □ **destroy** 동 파괴하다

441 □ **accept** 동 받다

442 □ **depend** 동 ~에 의존하다

443 □ **nod** 동 끄덕이다

444 □ **remove** 동 옮기다, 벗다

445 □ **beat** 동 치다, 때리다

446 □ **clap** 동 (손뼉을) 치다

447 □ **feed** 동 먹을 것을 주다

448 □ **obtain** 동 획득하다

449 □ **drown** 동 빠뜨리다

450 □ **remind** 동 생각나게 하다

451 □ **occur** 동 일어나다

452 □ **ache** 동 아프다

453 □ **repeat** 동 되풀이하다

454 □ **attend** 동 ~에 참석하다

455 □ **sigh** 동 한숨쉬다

456 □ **pray** 동 빌다

457 □ **press** 동 누르다

458 □ **follow** 동 따르다, 좇다

459 □ **hate** 동 미워하다

460 □ **frighten** 동 깜짝 놀라게 하다

461 □ **shout** 동 외치다

462 □ **mention** 동 말하다

463 □ **waste** 동 낭비하다

464 □ **borrow** 동 빌리다

465 □ **invade** 동 침략하다

466 □ **strike** 동 치다

467 □ **cross** 동 가로지르다

468 □ **earn** 동 벌다, 획득하다

469 □ **chew** 동 씹다

470 □ **hear** 동 듣다

471 □ **prefer**
　　동 오히려 ~을 좋아하다

472 □ **forgive** 동 용서하다

473 □ **praise** 동 칭찬하다

474 □ **admire** 동 감탄하다

475 □ **appreciate** 동 감사하다

476 □ **cheer** 동 갈채하다

477 □ **realize** 동 실현하다

478 □ **achieve** 동 달성하다

479 □ **succeed** 동 성공하디

480 □ **swing** 동 흔들리다

481 □ **wish** 동 바라다

482 □ **concentrate** 동 집중하다

483 □ **consider** 동 생각하다

484 □ **give** 동 주다, 치르다

485 □ **support** 동 지탱하다

486 □ **cooperate** 동 협력하다

487 □ **develop** 동 발전시키다

488 □ **get** 동 얻다, 받다, 사다

489 □ **solve** 동 풀다, 해결하다

490 □ **guide** 동 안내하다

491 □ **knock** 동 두드리다

492 □ **begin** 동 시작되다

493 □ **escape** 동 도망하다

494 □ **perform** 동 실행하다

495 □ **answer** 동 대답하다

496 □ **report** 동 보고하다

497 □ **forget** 동 잊다

498 □ **hunt** 동 사냥하다

499 □ **fly** 동 날다, 띄우다

500 □ **download** 동 내려받다

501 □ **poor** 형 가난한, 서투른

502 □ **cute** 형 귀여운, 영리한

503 □ **public** 형 공공의

504 □ **senior** 형 손위의, 연상의

505 □ **general** 형 일반적인

506 □ **principal** 형 주된

507 □ **hollow** 형 속이 빈

508 □ **patient** 형 인내심 강한

509 □ **evil** 형 나쁜, 불길한

510 □ **academic** 형 학술적인

511 □ **easy** 형 안락한, 쉬운

512 □ **dangerous** 형 위험한

513 □ **complete** 형 완전한

514 □ **excellent** 형 우수한

515 □ **competent** 형 유능한

516 □ **religious** 형 종교적인

517 □ **favorite** 형 아주 좋아하는

518 □ **entire** 형 전체의

519 □ **primary** 형 첫째의

520 □ **similar** 형 유사한, 비슷한

Part I 21일 Point up

521

□ **precious** (형) 비싼, 귀중한(비 valuable)

[préʃəs]

❖ precious knowledge 귀중한 지식
❖ There are precious jewels here.
여기에 귀중한 보석들이 있다.

522

□ **normal** (형) 표준의, 보통의

[nɔ́ːrməl]

❖ below normal 표준 이하로
❖ Everything seemed to be normal.
모든 것은 정상인 것처럼 보였다.

523

□ **popular** (형) 인기 있는, 유행의

[pápjulər/pɔ́p-]

❖ a popular preacher 인기 있는 목사
❖ He is popular with the other children.
그는 어린이들 사이에 인기가 있다.

524

□ **compulsory** (형) 의무적인, 필수적인

[kəmpʌ́lsəri]

❖ compulsory education 의무 교육
❖ In many countries, military service is compulsory.
많은 국가에서 군 복무는 의무이다.

525

□ **curious** (형) 호기심이 강한, 이상스러운

[kjúəriəs]

❖ a curious sound 이상한 소리
❖ It is a curious thing, indeed.
참 이상한 일이다.

526

□ **independent** (형) 독립한(반 dependent 의지하는)

[ìndipéndənt]

❖ an independent spirit 독립적 기상
❖ Our country is an independent republic.
우리나라는 독립 공화국이다.

527
□ **intimate** 휑 친밀한(삐 familiar), 자세한

[íntəmit]
❖ an intimate atmosphere 친밀한 분위기
❖ She is on intimate terms with him.
그녀는 그와 친밀한 사이이다.

528
□ **delicious** 휑 맛있는, 향기로운

[dilíʃəs]
❖ a delicious smell 맛있는 냄새
❖ The cake was delicious.
케이크는 매우 맛있다.

529
□ **valuable** 휑 귀중한(삐 precious), 값비싼 몡 귀중품

[væljuːəbl]
❖ place valuables in custody
귀중품을 맡기다
❖ That's a valuable picture.
그것은 귀중한 그림이다.

530
□ **grave** 휑 중대한, 위대한 몡 무덤

[ɡreiv]
❖ dig open a grave 무덤을 파헤치다
❖ Your lack of knowledge is a grave
failing. 지식 부족이 너의 중대한 결점이다.

531
□ **elementary** 휑 초보의, 기본의

[èləméntəri]
❖ elementary English 초보 영어
❖ In elementary school I had no uniform.
초등학교에서는 교복을 입지 않습니다.

532
□ **crazy** 휑 미친(삐 mad), 열광적인

[kréizi]
❖ a crazy scheme 무모한 계획
❖ He is crazy with anger.
그는 미친 듯이 화를 내고 있다.

533
□ **contrary** 휑 반대의 몡 반대

[kántreri/kɔ́n-]
❖ contrary wind 역풍
❖ It is contrary to the facts.
그것은 사실과 반대이다.

중요단어 **93**

534

□ **regular** 　형 규칙적인, 정규의

[régjulər]

❖ regular classes 정규 수업
❖ Eating regular meals is good for health.
규칙적인 식사를 하는 것은 건강에 좋다.

535

□ **social** 　형 사회적인, 사교적인

[sóuʃəl]

❖ social responsibility 사회적 책임
❖ He is well up the social ladder.
그의 사회적 지위는 상당히 높다.

536

□ **straight** 　형 곧은 　부 똑바로

[streit]

❖ a straight back 꼿꼿한 등
❖ Set your hat straight.
네 모자를 바로 써라.

537

□ **noble** 　형 고귀한, 귀족의 　명 귀족

[nóubl]

❖ a noble family 귀족의 가문
❖ His spirit is noble.
그의 영혼은 고귀하다.

538

□ **anxious** 　형 걱정스러운 　명 걱정, 근심, 열망

[ǽŋkʃəs]

❖ an anxious look 걱정스러운 얼굴
❖ I'm anxious about his health.
그의 건강이 걱정스럽다.

539

□ **international** 　형 국제적인, 국가간의

[ìntərnǽʃənl]

❖ an international call 국제 통화
❖ We live by international trade.
우리는 국제 무역으로 먹고 산다.

540

□ **greedy** 　형 욕심 많은, 탐욕스러운

[grí:di]

❖ greedy for money 돈을 탐내는
❖ The greedy man ate everything.
그 욕심 많은 남자는 모든 것을 먹었다.

541

□ **stupid** 휑 어리석은(비 silly), 하찮은

[stjú:pid]
❖ You stupid donkey! 얼간이 같은 놈!
❖ The stupid frog died.
그 어리석은 개구리는 죽었습니다.

542

□ **silly** 휑 어리석은(비 stupid), 바보 같은

[síli]
❖ do a silly thing 어리석은 짓을 하다
❖ You are very silly to go by taxi.
택시로 가다니 너도 참 어리석구나.

543

□ **lonely** 휑 외로운, 쓸쓸한

[lóunli]
❖ a lonely person 외로운 사람
❖ The old man was lonely.
그 노인은 외로웠다.

544

□ **dirty** 휑 더러운, 불결한　동 더럽히다

[dɔ́:rti]
❖ a dirty wound 곪은 상처
❖ That is a dirty trick.
그것은 더러운 속임수다.

545

□ **sensitive** 휑 민감한, 예민한, 감성적인

[sénsətiv]
❖ have a sensitive tongue 미각이 예민하다
❖ The eye is sensitive to light.
눈은 빛에 민감하다.

546

□ **various** 휑 가지각색의, 여러 가지의

[vέəriəs]
❖ by various means 여러 가지 방법으로
❖ We have various plants in our garden.
우리 정원에는 여러 종류의 식물이 있어요.

Tip

social 참고 social work 사회복지 업무　a social class 사회적 계층
유의어 community 사회, 공동체

547
□ **private**　　圈 개인의, 비밀의, 사적인(畈 public 공적인)

[práivit]
- ❖ private property 사유 재산
- ❖ The matter was arranged privately.
  그 일은 비밀리에 준비되었다.

548
□ **unhappy**　　圈 불행한, 불운한(畈 happy 행복한)

[ʌnhǽpi]
- ❖ unhappy news 반갑잖은 소식
- ❖ She had a very unhappy childhood.
  그녀는 매우 불행한 어린 시절을 보냈다.

549
□ **vain**　　圈 헛된, 무익한

[vein]
- ❖ a vain effort 헛된 노력
- ❖ All our efforts were in vain.
  모든 노력이 허탕이 되었다.

550
□ **sore**　　圈 아픈, 슬픈　圐 상처

[sɔːr]
- ❖ feel sore 아프다
- ❖ You hit me on a sore spot.
  아픈 곳을 찌르는구나.

551
□ **fierce**　　圈 사나운, 맹렬한

[fiərs]
- ❖ a fierce beast 사나운 짐승
- ❖ They are fierce. 그들은 사나워요.

552
□ **firm**　　圈 굳은, 단단한(畈 soft 부드러운)　圐 회사

[fəːrm]
- ❖ firm muscles 단단한 근육
- ❖ The small shop grew into a large firm.
  그 작은 가게는 발전하여 큰 회사가 되었다.

553
□ **solar** 〔형〕 태양의

[sóulər]

❖ solar parallax 태양의 시차
❖ I prefer solar energy to other forms.
다른 형태보다 태양열 에너지를 더 좋아합니다.

554
□ **smart** 〔형〕 재치 있는, 산뜻한

[smɑːrt]

❖ a smart student 영리한 학생
❖ Smart people read it.
현명한 사람들은 그것을 읽습니다.

555
□ **single** 〔형〕 독신의 〔명〕 한 개

[síŋgl]

❖ a single man 독신남성
❖ He was single all his life.
그는 평생을 독신으로 지냈다.

556
□ **diligent** 〔형〕 근면한, 부지런한(반 lazy 게으른)

[dílədʒənt]

❖ a diligent worker 근면한 사람
❖ The Koreans are a diligent people.
한국인들은 부지런한 국민이다.

557
□ **serious** 〔형〕 진지한, 중대한, 심각한

[síəriəs]

❖ serious damage 심각한 피해
❖ He sounded serious on the phone.
그의 전화 목소리가 심각했어요.

558
□ **fresh** 〔형〕 새로운, 싱싱한, 맑은

[freʃ]

❖ fresh milk 생우유
❖ It is fresh in our memory.
그것은 기억에 새로운 일이다.

559
□ **empty** 〔형〕 텅 빈, 결여된 〔동〕 비우다

[émpti]

❖ with empty hands 빈손으로
❖ The front of the bus was empty.
버스 앞쪽은 비어 있었다.

560
☐ **mild** 　　웹 온순한, 온화한(逆 wild 거친), 상냥한

[maild]
- ❖ mild weather 온화한 날씨
- ❖ He is as mild as a lamb.
  그는 양처럼 온순하다.

561
☐ **amazing** 　　웹 놀랄 만한, 굉장한

[əméiziŋ]
- ❖ an amazing number 놀랄 만한 수
- ❖ What an amazing man!
  얼마나 놀라운 사람인가!

562
☐ **charming** 　　웹 매력적인(逆 attractive), 아름다운

[tʃáːrmiŋ]
- ❖ a charming face 매력 있는 용모
- ❖ Her manner was very charming.
  그녀의 태도는 무척 매력적이었다.

563
☐ **boring** 　　웹 싫증나는, 따분한

[bɔ́ːriŋ]
- ❖ have a boring time 따분한 시간을 보내다
- ❖ He's such a boring person.
  그는 무척 따분한 사람이다.

564
☐ **huge** 　　웹 거대한, 막대한

[hjuːdʒ / juːdʒ]
- ❖ the huge genius 무한한 재능
- ❖ She lives in a huge house.
  그 여자는 거대한 집에서 산다.

565
☐ **tiny** 　　웹 몹시 작은

[táini]
- ❖ little tiny 아주 작은
- ❖ They live in a tiny stable.
  그들은 작은 마구간 집에서 산다.

566
☐ **fair** 　　웹 공평한, 아름다운 　 명 박람회

[fɛər]
- ❖ a fair decision 정당한 결정
- ❖ I call that fair.
  나는 그것이 공평하다고 생각한다.

567
□ **tough** 혱 곤란한, 단단한, 질긴

[tʌf]
- ❖ a tough racket 곤란한 일
- ❖ This meat is tough.
  이 고기는 질기다.

568
□ **foreign** 혱 외국의(뺜 domestic 국내의), 외국풍의

[fɔ́:rin/fɑ́r-]
- ❖ foreign goods 외래품
- ❖ It is fun to learn a foreign language.
  외국어를 배우는 것은 재미있다.

569
□ **modern** 혱 근대의, 현대의(뺜 ancient 옛날의)

[mɑ́dərn/mɔ́d-]
- ❖ modern city life 현대의 도시 생활
- ❖ This is a modern building.
  이 건물은 현대식 건물이다.

570
□ **expensive** 혱 값비싼(뺜 inexpensive 값싼)

[ikspénsiv]
- ❖ expensive clothes 값비싼 옷
- ❖ That will be expensive.
  그것은 돈이 많이 들 겁니다.

571
□ **harmful** 혱 해로운

[hɑ́:rmfəl]
- ❖ harmful to the crops 농작물에 해로운
- ❖ Ozone can be harmful to people.
  오존은 사람들에게 해로울 수 있다.

572
□ **calm** 혱 잔잔한 몡 고요 동 진정시키다

[kɑ:m]
- ❖ a calm sea 잔잔한 바다
- ❖ Calm yourself.
  진정하십시오.

Tip

foreign 참고 foreign word 외래어 foreign news 해외 뉴스
유의어 alien 외국의, 이국의

573

☐ **special** [spéʃəl]

⟨형⟩ 특별한(⟨반⟩ general 일반적인), 특수한

❖ special occasions 특별한 경우
❖ What are your special interests?
  당신의 특별한 관심거리는 무엇인가요?

574

☐ **steady** [stédi]

⟨형⟩ 고정된, 확고한, 안정된

❖ a steady faith 확고한 신념
❖ She has a steady job.
  그녀는 고정된 직업이 있다.

575

☐ **funny** [fʌ́ni]

⟨형⟩ 익살맞은, 재미있는

❖ a funny fellow 재미있는 친구
❖ The cartoon is funny.
  그 시사만화는 재미있다.

576

☐ **friendly** [fréndli]

⟨형⟩ 친한, 친절한, 우호적인

❖ a friendly match 친선 경기
❖ That's very friendly of you.
  정말 친절하십니다.

577

☐ **dead** [ded]

⟨형⟩ 죽은, 조용한 ⟨부⟩ 완전히

❖ dead level 완전히 수평으로
❖ The tiger fell dead.
  호랑이가 죽어 넘어졌다.

578

☐ **polite** [pəláit]

⟨형⟩ 공손한, 예의 바른

❖ in polite language 정중한 말씨로
❖ Korean people are shy and polite.
  한국 사람들은 수줍고 공손하다.

579
□ **hungry** 휑 갈망하는, 배고픈(반 full 배부른), 굶주림

[hʌ́ŋgri]
* be hungry for success 성공을 갈망하다
* He was both tired and hungry.
  그는 피로하기도 하고 배도 고팠다.

580
□ **eager** 휑 열망하는, 간절히 바라는

[íːgər]
* an eager desire 간절한 욕망
* The child is eager to have the plaything.
  그 아이는 그 장난감을 몹시 갖고 싶어한다.

581
□ **brave** 휑 용감한, 씩씩한

[breiv]
* a brave act 용감한 행위
* She is a brave climber.
  그녀는 용감한 등산가이다.

582
□ **glad** 휑 기쁜(반 sorrow 슬픈), 반가운

[glæd]
* glad news 기쁜 소식
* I'm very glad to see you.
  만나서 반갑습니다.

583
□ **advanced** 휑 진보적인(비 advance), 상급의

[ədvǽnst/-vάːnst]
* an advanced base 전진 기지
* Korea will be an advanced country in ten years.
  한국은 10년 후에 선진국이 될 것이다.

584
□ **responsible** 휑 책임 있는, 신뢰할 수 있는

[rispάnsəbl]
* a responsible answer 책임 있는 답변
* Give a task to a responsible man.
  신뢰할 수 있는 사람에게 일을 맡기시오.

585
□ **mad** 휑 미친, 열광적인, 성난

[mæd]
* a mad dog 광견
* He is clean mad. 그는 완전히 미쳤다.

586
□ **local** ㉠ 지방의, 근거리의

[lóukəl]
- ❖ a local paper 지방 신문
- ❖ Ask for it at your local pharmacy.
  가까운 약국에서 구입하십시오.

587
□ **native** ㉠ 출생의, 토착의, 타고난

[néitiv]
- ❖ native art 향토 예술
- ❖ He has native talent.
  그는 타고난 재능을 갖고 있다.

588
□ **familiar** ㉠ 익숙한, 친숙한

[fəmíljər]
- ❖ a familiar voice 귀에 익은 목소리
- ❖ I am familiar with him. 나는 그와 친하다.

589
□ **whole** ㉠ 전체의, 모든 ㉑ 전체, 전부

[houl]
- ❖ the whole of Korea 한국 전역
- ❖ a whole year 꼬박 1년
- ❖ He took the whole audience.
  그는 모든 청중을 매료시켰다.

590
□ **attractive** ㉠ 매력 있는, 매혹적인

[ətrǽktiv]
- ❖ an attractive woman 매력적인 여성
- ❖ She smiled an attractive smile.
  그녀는 매력적인 미소를 지었다.

591
□ **same** ㉠ 같은(㈜ different 다른) ㉓ 동일한 것

[seim]
- ❖ at the same time 동시에
- ❖ He is the same age as his wife.
  그는 그의 부인과 나이가 같다.

592
□ **perfect** ㉠ 결점 없는, 완전한, 정확한

[pə́:rfikt]
- ❖ a perfect copy 원본과 똑같은 사본
- ❖ The weather was perfect.
  날씨는 더할 나위 없이 좋았다.

593

□ **ill** 　형 병든(반 well 건강한), 나쁜　부 나쁘게

[il]
* ill health 건강치 못함
* He looks rather ill.
　그는 몸이 좀 불편해 보인다.

594

□ **alien** 　형 외국인의　명 외계인

[éiljən/-liən]
* impound alien property
　외국인의 재산을 몰수하다
* The two people are aliens from another planet.
　두 사람은 다른 혹성에서 온 외계인들이다.

595

□ **sure** 　형 틀림없는, 확실한　부 확실히, 물론

[ʃuər]
* a sure cure 확실한 요법
* He is sure to succeed.
　그가 성공할 것은 확실하다.

596

□ **hard** 　형 굳은, 어려운　부 열심히, 몹시

[hɑːrd]
* hard apples 딱딱한 사과
* She's a very hard worker.
　그녀는 대단히 열심히 일하는 사람이다.

597

□ **indoor** 　형 실내의(반 outdoor 실외의)

[índɔːr]
* indoor service 내근
* They're relaxing in an indoor pool.
　그들은 실내 풀장에서 편히 쉬고 있다.

598

□ **correct** 　형 옳은, 정확한　동 (잘못을) 고치다

[kərékt]
* That's correct. 그래, 옳다.
* Correct errors, if any.
　잘못이 있으면 고쳐라.

Tip

hard 어법 부사 hard는 목적어 앞에는 쓰지 않는다.
참고 hard-won 어렵게 얻은　유의어 difficult 어려운, 힘든

599
□ **pop** ㉦ 대중적인 ㉢ 대중음악 ㉣ 탁 튀다
[pɑp/pɔp]
❖ a pop singer 대중가요 가수
❖ He likes Korean pop songs very much.
그는 한국 대중가요를 매우 좋아합니다.

600
□ **mental** ㉦ 정신적인
[méntl]
❖ mental health 정신적 건강
❖ Praise can be a mental tonic.
칭찬은 정신적 자극이 된다.

601
□ **another** ㉦ 또 하나의, 다른 하나의
[ənʌ́ðər]
❖ another time 언젠가 딴 때에
❖ Would you like another cup of tea?
차 한 잔 더 드시겠어요?

602
□ **ancient** ㉦ 옛날의, 고대의(㉧ modern 현대의)
[éinʃənt]
❖ the remains of ancient civilization
고대 문명의 유적
❖ The stone axe is a relic of ancient
times. 돌도끼는 고대의 유물이다.

603
□ **nuclear** ㉦ 핵의, 원자력의 ㉢ 핵무기
[njúːkliər]
❖ nuclear war 핵전쟁
❖ North Korea started nuclear bomb tests.
북한은 핵실험을 개시했다.

604
□ **necessary** ㉦ 필요한(㉧ unnecessary 불필요한)
[nésəsèri/-sisəri]
❖ a necessary evil 필요악
❖ Exercise is necessary to health.
운동은 건강에 필요하다.

605

□ **common** 형 보통의, 평범함, 공통의

[kámən / kɔ́m-]
- ❖ a common being 보통 사람
- ❖ He and I have nothing in common.
  그와 나는 공통점이 전혀 없다.

606

□ **inner** 형 안의(반 outer 밖의), 내부의

[ínər]
- ❖ an inner court 안뜰
- ❖ There is a fountain in the inner court.
  안마당에 분수가 있다.

607

□ **thirsty** 형 목마른, 간절히 바라는

[θə́ːrsti]
- ❖ feel thirsty 조갈이 나다
- ❖ He is thirsty for riches.
  그는 부를 갈망하고 있다.

608

□ **asleep** 형 잠든(반 awake 깨어 있는)

[əslíːp]
- ❖ lie fast asleep 푹 자고 있다
- ❖ All nature seemed asleep.
  만물이 잠들어 있는 듯 했다.

609

□ **thin** 형 얇은(반 thick 두꺼운), 야윈

[θin]
- ❖ a thin finger 가는 손가락
- ❖ Her face thinned down.
  그녀의 얼굴이 야위었다.

610

□ **nervous** 형 신경질의, 초조해 하는

[nə́ːrvəs]
- ❖ a nervous disease 신경병
- ❖ He is very nervous.
  그는 매우 신경질적이다.

611

□ **gray** 형 회색의 명 회색

[grei]
- ❖ dress in gray 회색 옷을 입다
- ❖ The gray is lighter than the black.
  회색은 검정색보다 밝다.

612
□ **great** [형] 위대한, 훌륭한, 큰, 중요한

[greit]

❖ a great city 대도시

❖ He was a great artist.
그는 위대한 예술가였어요.

613
□ **famous** [형] 유명한, 이름 난

[féiməs]

❖ a famous golfer 유명한 골퍼

❖ His books are world-famous.
그의 책은 세계적으로 유명하다.

614
□ **industrial** [형] 공업의, 산업의

[indʌ́striəl]

❖ an industrial nation 공업국

❖ The nineteenth century saw the Industrial Revolution.
19세기에 산업혁명이 발생했다.

615
□ **silent** [형] 조용한, 침묵의

[sáilənt]

❖ keep silent 잠자코 있다

❖ A long silent moment passed.
긴 침묵의 시간이 흘렀습니다.

616
□ **negative** [형] 부정의([반] positive), 소극적인
[명] 부정, 거부

[négətiv]

❖ a negative answer 부정의 대답

❖ I have negative opinions on this matter.
나는 이 내용에 부정적인 의견이 있다.

617
□ **absent** [형] 결석한([반] present 출석한), 부재의

[ǽbsənt]

❖ be absent without leave 무단결석하다

❖ I thought that he was absent from school. 나는 그가 결석한 줄 알았다.

618
□ **tired** [형] 피로한, 지친, 물린, 싫증난

[taiərd]

❖ tired of life 세상이 싫어져서

❖ He was tired from homework.
그는 숙제하느라 지쳐 있었다.

619
□ flat [형] 평평한, 납작한 [부] 평평하게

[flæt]

❖ a flat roof 편평한 지붕
❖ It is a flat round piece of dough.
그것은 납작하고 둥근 밀가루 반죽이다.

620
□ already [부] 이미, 벌써

[ɔːlrédi]

❖ They're already there.
그들은 이미 거기에 있다.
❖ I have already read the book.
그 책은 벌써 읽었다.

621
□ aloud [부] 소리 내어, 큰 소리로

[əláud]

❖ read aloud 소리 내어 읽다
❖ She read the story aloud to them.
그녀는 그들에게 큰 소리로 그 이야기를 읽어 주었다.

622
□ away [부] 떨어져서, 멀리

[əwéi]

❖ run away 도망하다
❖ It's one block away. 한 구역 떨어져 있어요.

623
□ sincerely [부] 성실히, 진심으로

[sinsíərli]

❖ act sincerely 진실하게 대하다
❖ She very sincerely wished him happy.
그녀는 진심으로 그의 행복을 빌었다.

624
□ fortunately [부] 운 좋게, 다행히 ([반] unfortunately 불행하게)

[fɔ́ːrtʃənətli]

❖ Fortunately I am always healthy.
다행히도 나는 늘 건강하다.
❖ Fortunately I could meet him.
다행히 나는 그를 만날 수 있었다.

625

□ **finally** ㈜ 최후로, 마침내, 최종적으로

[fáinəli]
- His speech was finally done.
  그의 연설은 마침내 끝났다.
- Winter has finally ended. 겨울이 마침내 끝났다.

626

□ **immediately** ㈜ 곧, 즉시

[imí:diitli]
- Please, telephone immediately.
  곧바로 전화하세요.
- He got home and immediately went to bed. 그는 귀가 하자 곧 잠자리에 들었다.

627

□ **especially** ㈜ 특별히, 유달리

[ispéʃəli]
- a thing of especial importance
  특히 중대한 일
- This is especially for you.
  이것은 특별히 당신을 위한 것이다.

628

□ **else** ㈜ 그 밖에, 그렇지 않으면

[els]
- anybody else 누구든 다른 사람
- Do you want anything else?
  다른 거 뭐 필요하세요?

629

□ **actually** ㈜ 실제로, 정말로

[ǽktʃuəli]
- He actually refused. 그는 정말로 거절했다.
- What actually happened?
  실제로 무슨 일이 일어났느냐?

630

□ **hardly** ㈜ 거의 ~않다

[háːrdili]
- I hardly know her. 그녀와는 거의 안면이 없다.
- I can hardly believe it. 거의 믿어지지 않는다.

631
□ **otherwise** 🖝 다른 방법으로, 그렇지 않으면

[ʌ́ðərwàiz]

❖ I think otherwise. 나는 달리 생각한다.
❖ Otherwise he might possibly have lost his life. 그렇지 않았더라면 그는 목숨을 잃었을지도 모른다.

632
□ **tightly** 🖝 단단히

[táitli]

❖ tie tightly 야무지게 묶다
❖ The door was shut tightly. 문이 꼭 잠겨 있었다.

633
□ **recently** 🖝 최근에(🖝 lately), 얼마전

[rí:sntli]

❖ until quite recently 극히 최근까지는
❖ I hope we have a recent backup.
최근에 백업을 받아 놓은 게 있으면 좋겠어요.

634
□ **rapidly** 🖝 재빨리, 신속히

[rǽpidli]

❖ swing upward rapidly 급히 상승하다
❖ The situation developed rapidly.
사태는 급속히 진전됐다.

635
□ **however** 🖝 아무리 ~해도, 그러나

[hauévər]

❖ however poor one may be
아무리 가난할지라도
❖ However, it didn't break.
하지만 그것은 깨지지 않았다.

636
□ **politely** 🖝 공손히, 정중하게

[pəláitli]

❖ bow politely 공손히 절하다
❖ The waiter spoke politely.
웨이터는 정중하게 말했다.

637
□ **rudely** 🖝 무례하게

[ru:dli]

❖ act rudely 발칙한 짓을 하다
❖ She is displeased with him for behaving rudely. 그녀는 그의 무례한 행동에 화가 나 있다.

638

□ **further** 　　　 ⓟ 그 위에, 게다가　 ⓗ 그 이상의

[fə́ːrðər] 　　　 ❖ further news 뒷소식
　　　　　　　　 ❖ We need not enlarge further upon this point. 이 점은 더 이상 부연할 필요가 없다.

639

□ **frankly** 　　　 ⓟ 솔직히, 숨김없이

[frǽŋkli] 　　　 ❖ frankly speaking 솔직히 말하자면
　　　　　　　　 ❖ Frankly, I'd rather not go.
　　　　　　　　 솔직히, 난 가지 않는 게 좋겠다.

640

□ **properly** 　　　 ⓟ 적당히, 올바르게

[prápərli/prɔ́p-] 　 ❖ speak properly 올바로 말하다
　　　　　　　　 ❖ They are dressed properly for cold weather.
　　　　　　　　 그들은 추운 날씨에 적당한 옷을 입고 있다.

641

□ **hastily** 　　　 ⓟ 급히, 서둘러서, 바삐

[héistili] 　　　 ❖ a hasty person 조급한 사람
　　　　　　　　 ❖ Do not judge others hastily.
　　　　　　　　 남을 경솔하게 판단하지 마라.

642

□ **rather** 　　　 ⓟ 오히려, 얼마간

[rǽðər/ráː-ð-] 　 ❖ would rather 오히려 ~하고 싶다
　　　　　　　　 ❖ I rather lean to your view.
　　　　　　　　 나는 오히려 당신의 의견에 동조한다.

643

□ **together** 　　　 ⓟ 함께, 동시에, 일제히

[təgéðər] 　　　 ❖ come together 동시에 생기다, 함께 되다
　　　　　　　　 ❖ The men are jogging together.
　　　　　　　　 남자들이 함께 조깅하고 있다.

644

□ **altogether** 　 ⓟ 전혀, 완전히

[ɔ́ːltəgéðər] 　　 ❖ That is not altogether false.
　　　　　　　　 전혀 거짓말만은 아니다.

❖ The disease was stamped out altogether.
그 병은 완전히 종식되었다.

645

□ **across**   ⓟ ~저쪽에, ~을 가로질러

[əkrɔ́ːs/əkrás]   ❖ cut across a yard 뜰을 가로질러 가다
❖ The stream flows across the bridge.
개천은 다리를 가로질러 흐른다.

646

□ **between**   ⓟ ~의 사이에   ⓑ 사이를 두고

[bitwíːn]   ❖ from between 사이에서
❖ It's between the school and the park.
학교와 공원 사이에 있어요.

647

□ **above**   ⓟ ~보다 위에, ~ 이상인

[əbʌ́v]   ❖ fly above the clouds 구름 위를 날다
❖ He drove just above 60 mph.
그는 시속 60마일 넘게 운전했다.

648

□ **against**   ⓟ ~에 반대하여[거슬러], ~에 부딪쳐

[əgénst]   ❖ rise against the tyrant
폭군에 반대하여 봉기하다
❖ I hit my elbow against the window.
나는 창문에 팔꿈치를 부딪쳤다.

649

□ **after**   ⓟ ~후에, ~의 뒤에(ⓟ before 앞에)

[ǽftər/áːf-]   ❖ follow after 뒤따르다
❖ They lived happily ever after.
그들은 그 후 내내 행복하게 살았다.

650

□ **besides**   ⓟ ~이외에도   ⓑ 그 밖에

[bisáidz]   ❖ besides one's salary 월급 이외에
❖ Six people went there besides me.
나 이외에도 여섯 사람이 갔다.

□ along

[əlɔ́ːŋ/əlɔ́ŋ]

전 ~을 따라　부 앞으로

❖ Move along, please.
(서지 말고) 앞으로 나가 주세요.
❖ Go straight ahead along the river.
강을 따라 앞으로 곧장 가세요.

652

□ without

[wiðàut/wiθ-]

전 ~없이, ~이 없다면

❖ without end 한없이
❖ He left without saying goodbye.
그는 작별 인사도 없이 떠났다.

653

□ although

[ɔːlðóu]

접 ~이지만, 비록 ~이라도

❖ He is wise although he is young.
그는 젊지만 현명하다.
❖ He is quite strong although he is old.
그는 나이는 많아도 아주 정정하다.

654

□ whether

[hwéðər]

접 ~인지 어떤지, ~이든지 아니든지

❖ whether or not 어느 쪽이든
❖ I am doubtful whether it is true.
사실인지 아닌지 의문이 있다.

655

□ while

[hwail]

접 ~하는 동안, 한편으로는

❖ a good while 꽤 오랫동안, 한참동안
❖ He did it while I was not looking.
그는 내가 안 보는 사이에 그 짓을 했다.

---

along 어법 along에는 「(도로·강 등 좁고 긴 것의) 외측[바깥쪽]을 따라」라는 뜻과 「그 위[안]을 통하여」라는 두 가지 뜻이 있다.
참고 go along 활동을 계속하다 get along 떠나다 all along 내내, 줄 곧

반드시 외워야 할

필수단어

Day26 ~ Day50

656
□ life
[laif]

⊕ 삶, 생명, 생활, 인생

❖ the struggle for life 생존 경쟁
❖ He does not want much from life.
그는 삶 속에서 많은 것을 원하지 않는다.

657
□ earth
[əːrθ]

⊕ 지구, 땅(반 heaven 하늘)

❖ fall to earth 지상에 떨어지다
❖ The earth is round. 지구는 둥글다.

658
□ pill
[pil]

⊕ 환약, 알약

❖ a sleeping pill 잠자는 약
❖ The pill actually worked!
약이 정말 효과가 있던데요!

659
□ mathematics ⊕ 수학(약 math)
[mæ̀θəmǽtik]

❖ a good head for mathematics
수학적인 재능
❖ He excels in mathematics.
그는 수학에 특히 빼어나다.

660
□ ocean
[óuʃən]

⊕ 대양, 해양

❖ ocean bed 해저
❖ Go swimming in the ocean 해수욕을 가다

661
□ price
[prais]

⊕ 값, 가격, 대가

❖ a net price 정가
❖ The price is reasonable.
값은 적당하다.

662
□ **row** [명] 줄, 열([비] line) [동] 노젓다

[rou]

❖ in a row 일렬로
❖ He rowed us down the river.
그는 배를 저어 강을 내려갔다.

663
□ **schedule** [명] 계획, 예정표 [동] ~할 예정하다

[skédʒuːl]

❖ a train schedule 열차 시각표
❖ I am scheduled to leave here tomorrow.
내일 여기를 떠날 예정입니다.

664
□ **result** [명] 결과, 성과 [동] 결과로서 생기다

[rizʌ́lt]

❖ the football results 축구 시합의 결과
❖ The result approved his righteousness.
결과는 그가 옳다는 것을 입증했다.

665
□ **machine** [명] 기계, 기계장치

[məʃíːn]

❖ machine parts 기계 부품
❖ The machine broke down.
그 기계는 고장났다.

666
□ **route** [명] 도로, 길

[ruːt/raut]

❖ a route to peace 평화로의 길
❖ What's the best route from Seoul to Paris?
서울부터 파리까지 가장 빠른 길은 무엇입니까?

667
□ **ivy** [명] 담쟁이덩굴

[áivi]

❖ trees twisted with ivy 담쟁에 감긴 나무들
❖ The walls were covered all over with ivy.
벽은 온통 담쟁이로 덮여 있었다.

668
□ **gift** [명] 선물([비] present), 타고난 재능

[gift]

❖ by free gift 거저
❖ She is pleased with my gift.
그녀는 내 선물을 마음에 들어한다.

669
□ **candle** 명 양초, 촛불

[kǽndl]

❖ candle light 촛불
❖ A candle is burning on the table.
식탁 위에서 양초가 타고 있다.

670
□ **quarrel** 명 싸움 동 싸우다

[kwɔ́ːrəl/kwɑ́r-]

❖ start a quarrel 싸움을 붙이다
❖ Please monitor their quarrel.
그들의 싸움을 조정해 주십시오.

671
□ **joke** 명 농담 동 농담하다

[dʒouk]

❖ for a joke 농담 삼아서
❖ Don't play a joke on her.
그녀에게 농담 걸지 마라.

672
□ **art** 명 예술, 미술, 기술

[ɑːrt]

❖ military arts 무술
❖ Sculpture is a plastic art.
조각은 조형 예술이다.

673
□ **age** 명 나이, 성년, 시대

[eidʒ]

❖ the Middle Ages 중세 시대
❖ Old age blanches hair.
늙으면 머리가 희어진다.

674
□ **corn** 명 옥수수, 곡물

[kɔːrn]

❖ floury corn 옥수수 가루
❖ The container is full of corn.
그 그릇에는 옥수수가 가득 들어있다.

675
□ **pet** 명 애완 동물 형 귀여워하는 동 귀여워하다

[pet]

❖ a pet kitten 애완 고양이
❖ Her pet dog was her only vanity.
그녀의 애견은 그녀의 유일한 자랑거리였다.

676

□ **period** 　　🅜 기간, 시대, 주기

[píəriəd]

❖ for a short period 잠시 동안
❖ The heart beats by periods.
　심장은 일정한 간격을 두고 고동친다.

677

□ **robber** 　　🅜 강도, 도둑

[rábər / rɔ́bər]

❖ a den of robbers 도둑의 소굴
❖ The brave policeman caught the robber.
　그 용감한 경찰이 강도를 잡았다.

678

□ **cheek** 　　🅜 뺨, 볼

[tʃiːk]

❖ flushed cheeks 상기한 볼
❖ She kissed him on the cheek.
　그녀는 그의 뺨에 키스했다.

679

□ **block** 　　🅜 덩어리, 한 구획　🅥 막다, 방해하다

[blɑk / blɔk]

❖ the block style 블록 양식
❖ The street is blocked to traffic.
　거리는 통행이 금지되었다.

680

□ **part** 　　🅜 부분, (책의) 부, 역할　🅥 나누다

[pɑːrt]

❖ in these parts 이 곳에서
❖ The film is good in parts.
　그 영화는 부분적으로는 괜찮다.

681

□ **clerk** 　　🅜 사무원, 점원

[kləːrk / klɑːrk]

❖ the head clerk 사무장
❖ The clerk is holding some documents.
　점원이 약간의 서류를 들고 있다.

> **Tip**
>
> **part** 어법 part of의 구에 오는 동사는 단수가 원칙이지만 of 뒤에 오는 명사가 복수면 복수형 동사를 쓴다.
> **참고** in part 부분적으로는　유의어 component 구성 요소

682
□ **citizen** 	ⓟ 시민, 국민

[sítəzən]
* a citizen of the world 세계인
* Honesty is an attribute of a good citizen.
  정직은 훌륭한 시민의 본질이다.

683
□ **cookie** 	ⓟ 쿠키, 맛있는 작은 과자

[kúki]
* badger for cookie 과자를 달라고 보채다
* The ants ate up the cookie bit by bit.
  개미는 그 과자를 조금씩 갉아 먹었다.

684
□ **army** 	ⓟ 육군, 군대

[á:rmi]
* be in the army 육군[군인]이다
* He retired from the army.
  그는 군대에서 전역했다.

685
□ **nurse** 	ⓟ 간호사 ⓥ 간호하다

[nə:rs]
* a male nurse 남자 간호사
* I'd like to be a nurse.
  간호사가 되고 싶어요.

686
□ **master** 	ⓟ 주인(반 servant 하인) ⓥ 정복하다

[mǽstər/má:stər]
* the head master of a school 교장 선생
* I wish to master English.
  나는 영어를 정복하고 싶다.

687
□ **lock** 	ⓟ 자물쇠 ⓥ 잠그다

[lɑk / lɔk]
* on the lock 자물쇠를 잠그고
* Lock the door when you go out.
  당신이 나갈 때 문을 잠그십시오.

688

□ **moment** 명 순간, 찰나

[móumənt]

❖ for a moment 잠시 동안
❖ Never waste a moment.
한순간도 헛되이 보내지 말아라.

689

□ **community** 명 지역사회, 공동체, 단체

[kəmjúːnəti]

❖ local community 지역사회
❖ He worked for the good of the community.
그는 지역 공동 사회를 위해 일했다.

690

□ **sheet** 명 침대의 시트, 종이 한 장

[ʃiːt]

❖ two sheets of paper 종이 두 장
❖ She covered the sheets with a blanket.
그녀는 담요 위에 시트를 씌웠다.

691

□ **regret** 명 유감, 후회, 애도 동 후회하다

[rigrét]

❖ a letter of regret 조의문
❖ I have no regrets about what I've done.
내가 한 일을 후회하지 않는다.

692

□ **monk** 명 승려, 수도사

[mʌŋk]

❖ a religious monk 수도사
❖ Monks lead a life of renunciation.
수도사는 세상을 버리는 금욕 생활을 한다.

693

□ **teenager** 명 10대 소년소녀

[tíːnèidʒər]

❖ Teenagers are our hope.
10대는 우리의 희망이다.
❖ The number of runaway teenagers is increasing these days.
요즈음 가출 청소년이 늘고 있다.

694
□ **closet** 몡 벽장, 작은방

[klázit / klɔ́z-]
* set-in closets 붙박이 장
* She is putting shirts in the closet.
  그녀는 벽장에 셔츠를 넣고 있다.

695
□ **handle** 몡 손잡이, 핸들 동 다루다

[hǽndl]
* be simple to handle 다루기에 편하다
* Turn the handle and open the door.
  손잡이를 돌려 문을 연다.

696
□ **bar** 몡 막대기, 빗장

[bɑːr]
* bar the gate 문에 빗장을 꽂다
* The workers are hanging from the bars.
  일꾼들이 막대에 매달려 있다.

697
□ **ostrich** 몡 타조, 방관자

[ɔ́ːstritʃ/ás-]
* An ostrich runs very quickly but cannot fly. 타조는 매우 빨리 달리지만 날지는 못한다.

698
□ **knee** 몡 무릎

[niː]
* draw up the knees 무릎을 세우다
* She kicked him in the knee.
  그녀는 그의 무릎을 걷어찼다.

699
□ **cricket** 몡 크리켓 경기

[kríkit]
* play cricket 크리켓을 하다
* More people are watching cricket than ever before.
  지금은 전보다 많은 사람들이 크리켓 경기를 본다.

700
□ **deck** 몡 갑판, 바닥, 층

[dek]
* the lower deck 아래 갑판
* There was an apple jar on the deck.
  갑판에는 사과 통이 하나 있었다.

701

□ **bit**

[bit]

명 작은 조각, 조금, 약간

❖ bit by bit 조금씩
❖ The fish is a bit off. 그 생선은 약간 상했다.

702

□ **professor**

[prəfésər]

명 (대학) 교수

❖ a visiting professor 초빙 교수
❖ The students revere the professor.
학생들은 그 교수를 존경한다.

703

□ **silk**

[silk]

명 비단, 명주실

❖ soft silks 만질만질한 비단
❖ Woolen outwears silk.
모직물은 명주보다 질기다.

704

□ **jean**

[dʒiːn / dʒein]

명 진바지, 진

❖ a pair of jeans 진바지 한 벌
❖ He was in blue jeans.
그는 청바지를 입고 있었다.

705

□ **cotton**

[kátn / kɔ́tn]

명 면화, 솜

❖ cotton goods 면제품
❖ This shirt is made of pure cotton.
이 셔츠는 순면 제품이다.

706

□ **drum**

[drʌm]

명 북, 드럼   동 북을 치다

❖ a bass drum 큰 북
❖ The drum kills the strings.
북소리 때문에 현악기 소리가 죽는다.

707

□ **sand**

[sænd]

명 모래, 모래밭

❖ a grain of sand 모래 한 알
❖ The harbor is filling up with sand from the current.
그 항구는 조수에 밀려 온 모래로 얕아져 있다.

708
□ **shock** 몡 충격, 타격 통 충격을 주다

[ʃak / ʃɔk]
- ❖ a basketful of shock 엄청난 충격
- ❖ I am shocked to hear of his death.
  그의 죽음을 듣고 충격을 받았다.

709
□ **march** 몡 행진 통 행진하다

[mɑːrtʃ]
- ❖ a marching song 행진가
- ❖ They marched into the town.
  그들은 행진하여 마을로 들어왔다.

710
□ **cage** 몡 새장, 우리

[keidʒ]
- ❖ a bird in a cage 새장의 새
- ❖ The bird escaped from its cage.
  새가 새장에서 도망쳤다.

711
□ **role** 몡 배역, 역할

[roul]
- ❖ role model 역할 모델
- ❖ a leading role 주역
- ❖ She played a double role in the play.
  그녀는 그 연극에서 1인 2역을 했다.

712
□ **character** 몡 성격, 등장인물, 문자, 부호

[kǽriktər]
- ❖ a historical character 역사적 인물
- ❖ She is of noble character.
  그녀는 고결한 인격을 지니고 있다.

713
□ **wife** 몡 아내(반 husband 남편), 부인, 처

[waif]
- ❖ man and wife 부부
- ❖ He loves his wife and children.
  그는 자신의 아내와 아이들을 사랑한다.

714

□ **change** 명 변화, 거스름돈 동 변화하다, 바꾸다

[tʃeindʒ]
- ❖ change color 안색이 변하다
- ❖ She has changed greatly since I saw her last. 그 여자는 요전에 만난 이후 많이 변했다.

715

□ **position** 명 위치, 지위, 입장

[pəzíʃən]
- ❖ the position of a house 집의 위치
- ❖ The position is still open.
  그 자리는 아직 공석이다.

716

□ **department** 명 부(部), 부문, 과

[dipá:rtmənt]
- ❖ the export department 수출부
- ❖ What department are you in?
  당신의 전문 분야는 무엇입니까?

717

□ **duty** 명 임무, 의무(비 responsibility)

[djú:ti]
- ❖ a strong sense of duty 강한 의무감
- ❖ She was careful in the performance of her duty. 그녀는 직무 수행에 있어 신중했다.

718

□ **office** 명 사무실, 관공서, 회사

[ɔ́:fis/áf-]
- ❖ go to the office 출근하다
- ❖ Do you like my office?
  제 사무실이 마음에 드세요?

719

□ **ticket** 명 표, 승차권, 입장권

[tíkit]
- ❖ a season ticket 정기권
- ❖ Will you get me a ticket?
  표를 사주시겠습니까?

720

□ **energy** 명 정력, 활기

[énərdʒi]
- ❖ atomic energy 원자력
- ❖ It's a waste of time and energy.
  그건 시간과 정력 낭비야.

721

☐ **idea** 　　명 생각, 이념 　형 이상주의의

[aidíːə]
* a general idea 개념
* That's a good idea.
  좋은 생각이군요.

722

☐ **hospital** 　명 병원

[háspitl / hɔ́s-]
* a clock hospital 시계 수리소
* Henry is in the hospital.
  Henry는 병원에 입원 중이다.

723

☐ **noise** 　　명 소리, 소음

[nɔiz]
* a noise at the door 현관을 두드리는 소리
* The noise died away.
  소음이 사그라들었다.

724

☐ **sample** 　명 견본, 샘플

[sǽmpl/sáːm-]
* buy by sample 견본을 보고 사다
* She's labeling a sample.
  그녀는 견본에 라벨을 붙이고 있다.

725

☐ **example** 　명 예, 보기

[igzǽmpl/-záːm-]
* for example 예를 들면
* Can you give me an example?
  예를 하나 들어볼래?

726

☐ **murder** 　명 살인, 살인사건 　동 살해하다

[mə́ːrdər]
* a murder case 살인사건
* The thief committed murder.
  그 도둑은 살인을 했다.

727

☐ **lesson** 　명 학과, 교훈

[lésn]
* English lesson 영어 수업
* The lesson lasted an hour.
  그 수업은 1시간 동안 계속되었다.

728

□ **plenty**

명 많음, 충분(반 lack 결핍)

형 많은, 충분한

[plénti]

* plenty of 많은
* a year of plenty 풍년
* There is plenty of time. 시간이 충분히 있다.

729

□ **luck**

명 운, 행운

[lʌk]

* by good luck 천만다행으로
* Some people have all the luck.
  어떤 사람은 운을 타고난다.

730

□ **comedy**

명 희극, 코미디

[kámədi / kɔ́m-]

* a light comedy 가벼운 희극
* There is plenty of comedy in life.
  인생에는 희극적인 일이 많다.

731

□ **health**

명 건강, 보건

[helθ]

* a bill of health 건강 증명서
* He enjoys good health.
  그는 매우 건강하다.

732

□ **hire**

명 고용, 사용료 동 고용하다(비 employ),
임대하다

[háiər]

* let out on hire 세놓다
* She hired herself out as a maid.
  그녀는 하녀로 고용되었다.

733

□ **history**

명 역사, 경력

[hístəri]

* Korean history 한국사
* History isn't my thing.
  역사는 내 마음에 드는 과목이 아니다.

734

□ **forest** 명 숲, 삼림

[fɔ́ːrist/fɑ́r-]
- ❖ a forest fire 산불
- ❖ Many trees grow in the forest.
  많은 나무들이 숲에서 자란다.

735

□ **ghost** 명 유령, 망령

[goust]
- ❖ a ghost story 유령 이야기
- ❖ The ghost manifested itself.
  유령이 나타났다.

736

□ **stream** 명 개울, 흐름 동 흐르다

[striːm]
- ❖ a stream of water 물의 흐름
- ❖ The street had a stream of cars.
  거리에는 자동차의 물결이 그치지 않았다.

737

□ **future** 명 미래, 장래 형 미래의, 장래의

[fjúːtʃər]
- ❖ future generations 후대 사람들
- ❖ This is my future wife.
  이쪽은 제 아내 될 사람입니다.

738

□ **state** 명 국가, 상태, 형편

[steit]
- ❖ a welfare State 복지국가
- ❖ They built their own State.
  그들은 자기들의 나라를 세웠다.

739

□ **host** 명 주인(반 hostess 여주인), 호스트

[houst]
- ❖ host and guest 주인과 손님
- ❖ The host spoke through a mike.
  주최자는 마이크를 통해 말을 했다.

740
□ **temple** 　명 절, 사원, 신전

[témpl]
- ❖ a temple of art 예술의 전당
- ❖ The crooked path leads you to the temple.
  그 꼬부랑길을 따라가면 사원이 나온다.

741
□ **dictionary** 　명 사전

[díkʃənèri/-ʃənəri]
- ❖ a Korean-English dictionary 한영 사전
- ❖ The dictionary sells well.
  그 사전은 잘 팔린다.

742
□ **grammar** 　명 문법, 문법책

[grǽmər]
- ❖ English Grammar for Beginners
  초급 영문법
- ❖ Children learn things like grammar by rote.
  아이들은 문법 같은 것들은 암기하여 배운다.

743
□ **entertainment** 　명 접대, 오락, 연예

[èntərtéinmənt]
- ❖ entertainment expenses 접대비
- ❖ Other reunions provide their own entertainment. 가족 구성원들이 직접 오락거리를 준비한다.

744
□ **college** 　명 단과대학, 전문학교

[kálidʒ / kɔ́l-]
- ❖ go to college 단과대학에 가다
- ❖ She majored in journalism in college.
  그녀는 대학에서 언론학을 전공했다.

745
□ **husband** 　명 남편

[hʌ́zbənd]
- ❖ husband and wife 부부
- ❖ A good husband makes a good wife.
  훌륭한 남편이 훌륭한 아내를 만든다.

746
☐ **daughter** 명 딸(반 son 아들) 형 딸로서의

[dɔ́:tər]
- ❖ a daughter of a rich man 부잣집 딸
- ❖ He married his daughter to a banker.
  그는 자기 딸을 은행가와 결혼시켰다.

747
☐ **capture** 명 생포, 포획, 포획물 동 사로잡다

[kǽptʃər]
- ❖ capture a tiger alive 범을 사로잡다
- ❖ The hunter tried to capture a bear.
  사냥꾼은 곰을 포획하려 했다.

748
☐ **feeling** 명 촉감, 감각, 감정, 기분

[fíːliŋ]
- ❖ a feeling of warmth 따뜻한 느낌
- ❖ The boy doesn't know about your feeling.
  그 남학생은 너의 감정을 잘 모르고 있어.

749
☐ **captain** 명 우두머리, 선장, 주장

[kǽptin]
- ❖ a bandit captain 도둑의 두목
- ❖ The man is the captain of the ship.
  남자는 배의 선장이다.

750
☐ **booth** 명 오두막집, 작은 방

[buːθ / buːð]
- ❖ a public phone booth 공중 전화 박스
- ❖ A huddle of booths grew to a town.
  잡다한 판잣집들이 마을을 이루었다.

751
☐ **sense** 명 감각, 느낌, 판단력 동 알아채다

[sens]
- ❖ a sense of humor 유머 감각
- ❖ The dog has a keen sense of smell.
  개는 예민한 후각을 갖고 있다.

752
☐ **iceberg** 명 빙산

[áisbəːrg]
- ❖ the tip of the iceberg 빙산의 일각
- ❖ Icebergs lie in the course of the boat.
  빙산이 배의 진로를 가로막고 있다.

753
□ **bubble** 　명 거품　동 거품이 일다

[bʌ́bl]
* bubble up 거품이 부글부글 일다
* Look at the bubble.
거품을 보세요.

754
□ **expression** 　명 (감정의) 표현, 표정

[ikspréʃən]
* poetic expression 시적 표현
* She wore an earnest expression.
그녀는 진지한 표정을 지었다.

755
□ **bug** 　명 곤충, 벌레

[bʌg]
* bug hunting 곤충 채집
* He found a small bug on the bed.
그는 침대 위에서 작은 벌레를 발견했다.

756
□ **literature** 　명 문학, 문헌

[lítərətʃər/-tʃùər]
* English literature 영문학
* She is going to study literature.
그녀는 문학을 공부할 생각이다.

757
□ **bottom** 　명 밑, 아랫부분

[bátəm / bɔ́t-]
* at the bottom of the sea 바다 밑에
* The anchor found the bottom.
닻이 밑바닥에 닿았다.

758
□ **novel** 　명 소설

[návəl / nɔ́v-]
* a popular novel 통속 소설
* Many a person read his novel.
수많은 사람들이 그의 소설을 읽는다.

759
□ **prize** 　명 상, 상품, 상금

[praiz]
* a prize medal 우승 메달
* They competed for the prize.
그들은 그 상을 타려고 경쟁을 했다.

760

☐ **bean** 명 콩

[biːn]
- ❖ coffee beans 커피 열매
- ❖ Soy sauce is made from soy beans and salt. 간장은 메주콩과 소금으로 만든다.

761

☐ **race** 명 인종, 민족 형 인종의 동 경주하다

[reis]
- ❖ The Korean race 한민족
- ❖ He joined a boat race.
  그는 보트 경주에 참가했다.

762

☐ **engineer** 명 기사, 공학자

[éndʒiníər]
- ❖ a computer engineer 컴퓨터 기사
- ❖ I decided to become an engineer.
  나는 기술자가 되기로 결심했다.

763

☐ **photographer** 명 사진사, 카메라맨

[fətágrəfər / -tɔ́g-]
- ❖ an art photographer 예술 사진가
- ❖ She wants to be a good photographer.
  그녀는 훌륭한 사진사가 되고 싶어 한다.

764

☐ **reason** 명 이유(비 cause), 이성, 도리, 이치

[ríːzn]
- ❖ be restored to reason 제정신이 들다
- ❖ She was deprived of reason.
  그녀는 이성을 잃었다.

765

☐ **subway** 명 지하도, 지하철

[sʌ́bwèi]
- ❖ a subway linemap 지하철 노선도
- ❖ He left his bag in the subway.
  가방을 지하철에 두고 내렸습니다.

766
□ fog 명 안개
[fɔːg/fɑg]
- ❖ the fog of war 전운
- ❖ Dense fog obscured everything.
  짙은 안개가 모든 것을 가려버렸다.

767
□ autumn 명 가을(비 fall), 가을철
[ɔ́ːtəm]
- ❖ the autumn term 가을 학기
- ❖ The sky is high in autumn.
  가을에는 하늘이 높다.

768
□ diningroom 명 식당
[dáiniŋruːm]
- ❖ The women are in the diningroom.
  여자들이 식당에 있다.

769
□ step 명 걸음, 한 걸음, 단계 동 걷다
[step]
- ❖ step across a street 가로를 횡단하다
- ❖ He took a step back.
  그는 뒤로 한 걸음 물러났다.

770
□ heat 명 열, 더위 동 가열하다
[hiːt]
- ❖ the heat of the sun 태양의 열
- ❖ It diffuses heat. 그것은 열을 발산한다.

771
□ bone 명 뼈, 골질
[boun]
- ❖ to the bone 뼈 속까지
- ❖ A bone has stuck in my throat.
  뼈가 목에 박혔다.

772
□ plant 명 식물, 공장 동 심다
[plænt, plɑːnt]
- ❖ a water plant 수생 식물
- ❖ He planted many flower seeds in spring.
  그는 봄에 꽃씨를 많이 뿌렸다.

773
☐ lamb   명 새끼 양

[læm]
* a shorn lamb 털 깎인 양
* She is as innocent as a lamb.
그녀는 양처럼 순하다.

774
☐ rate   명 비율, 속도

[reit]
* the birth rate 출생률
* The rate of economic growth has slowed.
경제 성장률이 둔화되었다.

775
☐ turtle   명 바다거북

[tə́ːrtl]
* at a turtle's pace 아주 느린 속도로
* Raising a turtle is a difficult job.
거북을 기르는 것은 어려운 일이다.

776
☐ bay   명 만, 내포

[bei]
* form a bay 만을 이루다
* Numerous islands stud the bay.
수많은 섬들이 그 만에 산재해 있다.

777
☐ holiday   명 휴일, 휴가

[hálədèi / hɔ́lədèi]
* a public holiday 공휴일
* It's an ideal place for a holiday.
그 곳은 휴가를 보내기에 이상적인 장소이다.

778
☐ because   전 왜냐하면 ~이므로, ~때문에

[bikɔ́ːz/-káz]
* because of ~때문에
* He was absent because he was sick.
그는 병이 나서 결석했다.

779
☐ cash   명 현금   동 현금으로 하다

[kæʃ]
* a sale for cash 현금 판매
* I'm strapped for cash.
나는 돈이 다 떨어졌다.

780

☐ **center** 명 중심, 중심지

[séntər]
❖ the center of a circle 원의 중심
❖ London's city center is crowded with tourists. 런던의 도시 중심부는 관광객들로 북적거린다.

781

☐ **wolf** 명 이리, 늑대

[wulf]
❖ greedy as a wolf 이리처럼 탐욕스런
❖ Have you seen a wolf?
당신은 늑대를 보았는가?

782

☐ **operator** 명 교환수, 조작자

[ápərèitər / ɔ́p-]
❖ a telegraph operator 통신사
❖ All of our operators are busy.
현재 교환원들이 모두 통화중입니다.

783

☐ **fur** 명 부드러운 털, 모피

[fəːr]
❖ a fur coat 모피 코트
❖ When a koala is born, it has no fur.
코알라는 태어날 때 털이 없습니다.

784

☐ **focus** 명 초점, 중심 동 집중시키다, 집중하다

[fóukəs]
❖ take the focus 초점을 맞추다
❖ Focus your attention.
당신의 주의를 집중해라.

785

☐ **shore** 명 물가, 바닷가, 해안

[ʃɔːr]
❖ in shore 해안 가까이
❖ Some folks are fishing from the shore.
사람들이 물가에서 낚시를 하고 있다.

cash *현금은 경화(coin)와 지폐(note)를 의미하며, 수표(check), 신용카드(credit card)와 구별된다.
참고 cash up 매상을 계산하다 유의어 money 돈, 금전

521 □ **precious** [형] 비싼
522 □ **normal** [형] 표준의
523 □ **popular** [형] 인기 있는
524 □ **compulsory** [형] 의무적인
525 □ **curious** [형] 호기심이 강한
526 □ **independent** [형] 독립한
527 □ **intimate** [형] 친밀한
528 □ **delicious** [형] 맛있는
529 □ **valuable** [형] 귀중한
530 □ **grave** [형] 중대한
531 □ **elementary** [형] 초보의
532 □ **crazy** [형] 미친
533 □ **contrary** [형] 반대의
534 □ **regular** [형] 규칙적인
535 □ **social** [형] 사회적인
536 □ **straight** [형] 곧은
537 □ **noble** [형] 고귀한
538 □ **anxious** [형] 걱정스러운
539 □ **international** [형] 국제적인
540 □ **greedy** [형] 욕심많은
541 □ **stupid** [형] 어리석은
542 □ **silly** [형] 어리석은
543 □ **lonely** [형] 외로운, 쓸쓸한
544 □ **dirty** [형] 더러운, 불결한
545 □ **sensitive** [형] 민감한
546 □ **various** [형] 가지각색의
547 □ **private** [형] 개인의
548 □ **unhappy** [형] 불행한
549 □ **vain** [형] 헛된, 무익한
550 □ **sore** [형] 아픈, 슬픈
551 □ **fierce** [형] 사나운, 맹렬한
552 □ **firm** [형] 굳은, 단단한
553 □ **solar** [형] 태양의
554 □ **smart** [형] 재치 있는
555 □ **single** [형] 독신의
556 □ **diligent** [형] 근면한
557 □ **serious** [형] 진지한
558 □ **fresh** [형] 새로운
559 □ **empty** [형] 텅 빈
560 □ **mild** [형] 온순한, 온화한
561 □ **amazing** [형] 놀랄만한
562 □ **charming** [형] 매력적인
563 □ **boring** [형] 싫증나는
564 □ **huge** [형] 거대한, 막대한
565 □ **tiny** [형] 몹시 작은
566 □ **fair** [형] 공평한, 아름다운
567 □ **tough** [형] 곤란한
568 □ **foreign** [형] 외국의
569 □ **modern** [형] 근대의
570 □ **expensive** [형] 값비싼
571 □ **harmful** [형] 해로운
572 □ **calm** [형] 잔잔한
573 □ **special** [형] 특별한
574 □ **steady** [형] 고정된
575 □ **funny** [형] 익살맞은
576 □ **friendly** [형] 친한
577 □ **dead** [형] 죽은, 조용한
578 □ **polite** [형] 공손한
579 □ **hungry** [형] 갈망하는
580 □ **eager** [형] 열망하는
581 □ **brave** [형] 용감한
582 □ **glad** [형] 기쁜
583 □ **advanced** [형] 진보적인
584 □ **responsible** [형] 책임있는
585 □ **mad** [형] 미친, 열광적인
586 □ **local** [형] 지방의
587 □ **native** [형] 출생의
588 □ **familiar** [형] 익숙한
589 □ **whole** [형] 전체의
590 □ **attractive** [형] 매력 있는
591 □ **same** [형] 같은
592 □ **perfect** [형] 결점 없는
593 □ **ill** [형] 병든
594 □ **alien** [형] 외국인의
595 □ **sure** [형] 틀림없는
596 □ **hard** [형] 굳은, 어려운
597 □ **indoor** [형] 실내의
598 □ **correct** [형] 옳은
599 □ **pop** [형] 대중적인
600 □ **mental** [형] 정신적인
601 □ **another** [형] 또 하나의
602 □ **ancient** [형] 옛날의
603 □ **nuclear** [형] 핵의
604 □ **necessary** [형] 필요한
605 □ **common** [형] 보통의
606 □ **inner** [형] 안의
607 □ **thirsty** [형] 목마른
608 □ **asleep** [형] 잠든
609 □ **thin** [형] 얇은
610 □ **nervous** [형] 신경질의
611 □ **gray** [형] 회색의
612 □ **great** [형] 위대한
613 □ **famous** [형] 유명한
614 □ **industrial** [형] 공업의
615 □ **silent** [형] 조용한
616 □ **negative** [형] 부정의
617 □ **absent** [형] 결석한
618 □ **tired** [형] 피로한, 지친
619 □ **flat** [형] 평평한
620 □ **already** [부] 이미, 벌써
621 □ **aloud** [부] 소리 내어
622 □ **away** [부] 떨어져서, 멀리
623 □ **sincerely** [부] 성실히
624 □ **fortunately** [부] 운 좋게
625 □ **finally** [부] 최후로
626 □ **immediately** [부] 곧
627 □ **especially** [부] 특별히
628 □ **else** [부] 그 밖에
629 □ **actually** [부] 실제로
630 □ **hardly** [부] 거의 ~않다
631 □ **otherwise** [부] 다른 방법으로
632 □ **tightly** [부] 단단히
633 □ **recently** [부] 최근에
634 □ **rapidly** [부] 재빨리, 신속히
635 □ **however** [부] 아무리 ~해도
636 □ **politely** [부] 공손히
637 □ **rudely** [부] 무례하게
638 □ **further** [부] 그 위에
639 □ **frankly** [부] 솔직히
640 □ **properly** [부] 적당히
641 □ **hastily** [부] 급히
642 □ **rather** [부] 오히려, 얼마간
643 □ **together** [부] 함께
644 □ **altogether** [부] 전혀
645 □ **across** [전] ~저쪽에
646 □ **between** [전] ~의 사이에
647 □ **above** [전] ~보다 위에
648 □ **against** [전] ~에 반대하여
649 □ **after** [전] ~후에
650 □ **besides** [전] ~이외에도
651 □ **along** [전] ~을 따라
652 □ **without** [전] ~없이
653 □ **although** [접] ~이지만
654 □ **whether** [접] ~인지 어떤지
655 □ **while** [접] ~하는 동안

656 □ **life** 몡 삶, 생명, 생활, 인생	701 □ **bit** 몡 작은 조각, 조금	746 □ **daughter** 몡 딸
657 □ **earth** 몡 지구	702 □ **professor** 몡 (대학) 교수	747 □ **capture** 몡 생포, 포획
658 □ **pill** 몡 환약, 알약	703 □ **silk** 몡 비단, 명주실	748 □ **feeling** 몡 촉감, 감각
659 □ **mathematics** 몡 수학	704 □ **jean** 몡 진바지, 진	749 □ **captain** 몡 우두머리
660 □ **ocean** 몡 대양, 해양	705 □ **cotton** 몡 면화, 솜	750 □ **booth** 몡 오두막집
661 □ **price** 몡 값, 가격, 대가	706 □ **drum** 몡 북, 드럼	751 □ **sense** 몡 감각, 느낌
662 □ **row** 몡 줄, 열	707 □ **sand** 몡 모래, 모래밭	752 □ **iceberg** 몡 빙산
663 □ **schedule** 몡 계획	708 □ **shock** 몡 충격, 타격	753 □ **bubble** 몡 거품
664 □ **result** 몡 결과, 성과	709 □ **march** 몡 행진	754 □ **expression** 몡 표현
665 □ **machine** 몡 기계,	710 □ **cage** 몡 새장, 우리	755 □ **bug** 몡 곤충, 벌레
666 □ **route** 몡 도로, 길	711 □ **role** 몡 배역, 역할	756 □ **literature** 몡 문학, 문헌
667 □ **ivy** 몡 담쟁이덩굴	712 □ **character** 몡 성격	757 □ **bottom** 몡 밑, 아랫부분
668 □ **gift** 몡 선물	713 □ **wife** 몡 아내	758 □ **novel** 몡 소설
669 □ **candle** 몡 양초, 촛불	714 □ **change** 몡 변화	759 □ **prize** 몡 상, 상품, 상금
670 □ **quarrel** 몡 싸움	715 □ **position** 몡 위치	760 □ **bean** 몡 콩
671 □ **joke** 몡 농담	716 □ **department** 몡 부(部)	761 □ **race** 몡 인종, 민족
672 □ **art** 몡 예술, 미술, 기술	717 □ **duty** 몡 임무, 의무	762 □ **engineer** 몡 기사
673 □ **age** 몡 나이, 성년, 시대	718 □ **office** 몡 사무실, 관공서	763 □ **photographer** 몡 사진사
674 □ **corn** 몡 옥수수, 곡물	719 □ **ticket** 몡 표, 승차권	764 □ **reason** 몡 이유
675 □ **pet** 몡 애완 동물	720 □ **energy** 몡 정력, 활기	765 □ **subway** 몡 지하철
676 □ **period** 몡 기간, 시대	721 □ **idea** 몡 생각, 이념	766 □ **fog** 몡 안개
677 □ **robber** 몡 강도, 도둑	722 □ **hospital** 몡 병원	767 □ **autumn** 몡 가을
678 □ **cheek** 몡 뺨, 볼	723 □ **noise** 몡 소리, 소음	768 □ **dinningroom** 몡 식당
679 □ **block** 몡 덩어리	724 □ **sample** 몡 견본, 샘플	769 □ **step** 몡 걸음, 한 걸음
680 □ **part** 몡 부분, (책의) 부	725 □ **example** 몡 예, 보기	770 □ **heat** 몡 열, 더위
681 □ **clerk** 몡 사무원, 점원	726 □ **murder** 몡 살인	771 □ **bone** 몡 뼈, 골질
682 □ **citizen** 몡 시민, 국민	727 □ **lesson** 몡 학과, 교훈	772 □ **plant** 몡 식물, 공장
683 □ **cookie** 몡 쿠키	728 □ **plenty** 몡 많음, 충분	773 □ **lamb** 몡 새끼 양
684 □ **army** 몡 육군, 군대	729 □ **luck** 몡 운, 행운	774 □ **rate** 몡 비율, 속도
685 □ **nurse** 몡 간호사	730 □ **comedy** 몡 희극, 코미디	775 □ **turtle** 몡 바다거북
686 □ **master** 몡 주인	731 □ **health** 몡 건강, 보건	776 □ **bay** 몡 만, 내포
687 □ **lock** 몡 자물쇠	732 □ **hire** 몡 고용, 사용료	777 □ **holiday** 몡 휴일, 휴가
688 □ **moment** 몡 순간, 찰나	733 □ **history** 몡 역사, 경력	778 □ **because** 젠 ~때문에
689 □ **community** 몡 지역사회	734 □ **forest** 몡 숲, 삼림	779 □ **center** 몡 중심, 중심지
690 □ **sheet** 몡 침대의 시트	735 □ **ghost** 몡 유령, 망령	780 □ **cash** 몡 현금
691 □ **regret** 몡 유감, 후회	736 □ **stream** 몡 개울	781 □ **wolf** 몡 이리, 늑대
692 □ **monk** 몡 승려, 수도사	737 □ **future** 몡 미래, 장래	782 □ **operator** 몡 교환수
693 □ **teenager** 몡 10대 소년소녀	738 □ **state** 몡 국가, 상태, 형편	783 □ **fur** 몡 부드러운 털, 모피
694 □ **closet** 몡 벽장, 작은방	739 □ **host** 몡 주인	784 □ **focus** 몡 초점, 중심
695 □ **handle** 몡 손잡이	740 □ **temple** 몡 절, 사원, 신전	785 □ **shore** 몡 물가, 바닷가
696 □ **bar** 몡 막대기, 빗장	741 □ **dictionary** 몡 사전	
697 □ **ostrich** 몡 타조, 방관자	742 □ **grammar** 몡 문법	
698 □ **knee** 몡 무릎	743 □ **entertainment** 몡 접대	
699 □ **cricket** 몡 크리켓 경기	744 □ **college** 몡 단과대학	
700 □ **deck** 몡 갑판, 바닥, 층	745 □ **husband** 몡 남편	

786

☐ **owl** 명 올빼미

[aul]
* owls hoot 올빼미가 울다
* Owls sleep in the daytime.
  올빼미는 낮에 잠을 잔다.

787

☐ **hunter** 명 사냥꾼

[hʌ́ntər]
* a fox hunter 여우 사냥꾼
* The hunter froze to death.
  그 사냥꾼은 얼어 죽었다.

788

☐ **lake** 명 호수, 연못

[leik]
* a lake fish 호수의 물고기
* He took a walk around the lake.
  그는 호수 둘레를 걸었다.

789

☐ **pumpkin** 명 호박

[pʌ́mpkin/pʌ́ŋkin]
* a fat pumpkin face 호박 같은 얼굴
* How much does this pumpkin weigh?
  이 호박의 무게는 얼마입니까?

790

☐ **handshake** 명 악수 동 악수하다

[hǽndʃèik]
* a firm handshake 굳은 악수
* He gave me a firm handshake.
  그는 내 손을 꼭 잡고 악수를 했다.

791

☐ **bike** 명 자전거

[baik]
* a bike race 자전거 경주
* The man is on his bike.
  남자가 자전거를 타고 있다.

792

□ **beach** 명 해변, 바닷가

[bi:tʃ]
* take a walk on the beach 바닷가를 산책하다
* We went swimming at the beach.
  우리는 해변에서 수영을 했다.

793

□ **god** 명 신, 하느님

[gɑd / gɔd]
* the god of love 사랑의 신
* God will judge all men.
  하느님은 모든 사람을 심판하실 것이다.

794

□ **cough** 명 기침 동 기침하다

[kɔːf / kɔf]
* dry cough 마른 기침
* This medicine will help your cough.
  이 약을 먹으면 기침이 가라앉을 것이다.

795

□ **shell** 명 조가비, 껍질

[ʃel]
* an egg shell 달걀 껍질
* He's picking up a shell on the beach.
  그는 바닷가에서 조개 껍질을 줍고 있다.

796

□ **business** 명 사업, 일

[bíznis]
* a doctor's business 의사의 직업
* His business prospered.
  그의 사업은 번창했다.

797

□ **restaurant** 명 레스토랑, 음식점

[réstərənt/-rɑ̀ːnt]
* a cheap restaurant 가격이 싼 식당
* Who put you onto this restaurant?
  누가 당신에게 이 식당을 알려줬어요?

798

□ **sheep** 명 양, 면양

[ʃiːp]
* a flock of sheep 한 떼의 양
* He stays with the sheep all day.
  그는 하루종일 양들과 지냅니다.

799

☐ officer   명 공무원, 장교

[ɔ́:fisər]

❖ an officer of the law 경찰관
❖ The officer retired last year.
그 장교는 지난해에 은퇴했다.

800

☐ hometown   명 고향, 출생지

[hóumtàun]

❖ a hometown-visiting group 고향 방문단
❖ We'd been to his hometown.
우리는 그의 고향에 간 적이 있다.

801

☐ coil   명 코일, 감긴 것   동 둘둘 감다

[kɔil]

❖ coil a rope 로프를 둘둘 감다
❖ He coiled a wire around a stick.
그는 막대기에 철사를 똘똘 감았다.

802

☐ ceiling   명 천장

[síːliŋ]

❖ have a low ceiling 천장이 낮다
❖ There is a fly on the ceiling.
파리가 한 마리 천장에 앉아 있다.

803

☐ turkey   명 칠면조

[tə́:rki]

❖ a turkey poult 칠면조 새끼
❖ Father carved the turkey.
아버지가 칠면조 고기를 얇게 써셨다.

804

☐ towel   명 수건, 타월

[táuəl]

❖ a bath towel 목욕 수건
❖ Please get me a towel. 수건 좀 가져다 줘.

805

☐ matter   명 일, 문제   동 중요하다

[mǽtər]

❖ a trivial matter 사소한 일
❖ It does not matter much.
그것은 대수로운 일이 아니다.

806
□ chopstick ㉠ 젓가락

[tʃápstìk / tʃɔ́p-]

❖ half-split chopsticks 나무 젓가락
❖ He is still awkward at handling chopsticks.
그는 아직도 젓가락질이 서투르다.

807
□ seat ㉠ 자리, 좌석 ㉦ 앉히다

[siːt]

❖ take one's seat 자리에 앉다
❖ I want a seat for the rock concert.
나는 그 록 콘서트의 좌석이 필요해요.

808
□ board ㉠ 판자, 게시판 ㉦ (탈 것)에 올라타다

[bɔːrd]

❖ board up 판자로 두르다
❖ What's this new board for?
이 새 게시판은 어디에 쓸 거죠?

809
□ goal ㉠ 목표, 골

[goul]

❖ one's goal in life 인생의 목표
❖ It takes time to achieve an important goal.
중요한 목표를 달성하는 데에는 시간이 걸린다.

810
□ drugstore ㉠ 약국

[drʌ́gstɔ̀ːr]

❖ lick over to the drugstore
황급히 약국으로 가다
❖ Is there any drugstore in this area?
이 근처에 약국이 있습니까?

811
□ rat ㉠ 쥐, 들쥐 ㉦ 쥐를 잡다

[ræt]

❖ You old rat! 이 쥐새끼 같은 놈!
❖ The warehouse was overrun with rats.
그 창고에는 쥐가 우글거렸다.

812
□ butterfly (명) 나비

[bʌ́tərflài]

❖ fly like a butterfly 나비처럼 날다
❖ Butterflies play among flowers.
  나비들이 꽃 사이를 날아다닌다.

813
□ flute (명) 플룻, 피리

[fluːt]

❖ a flute player 피리 부는 사람
❖ The flute was a remembrance from his mother.
  그 플루트는 그의 어머니가 준 기념품이다.

814
□ couple (명) 한 쌍, 커플

[kʌ́pl]

❖ a young couple 젊은 부부
❖ The couple inhabited the island.
  그 부부는 그 섬에 살았다.

815
□ beer (명) 맥주

[biər]

❖ a can of beer 맥주 캔
❖ This beer tastes flat. 이 맥주는 김빠졌다.

816
□ background (명) 배경, 바탕색

[bǽkgràund]

❖ historical background 역사적 배경
❖ The background of this country's flag is green. 이 나라 국기의 바탕색은 녹색이다.

817
□ bottle (명) 병, 술병

[bɑ́tl/bɔ́tl]

❖ tip a bottle 병을 기울어뜨리다
❖ The bottle has no cover.
  그 병은 뚜껑이 없다.

818
□ **body**　　　圀 몸, 육체, 몸통
[bάdi / bɔ́di]
* has a body 전체로서
* My body was all aches and pains.
  나는 온몸이 쑤시고 아팠다.

819
□ **group**　　圀 그룹, 무리　동 모으다
[gruːp]
* in a group 한 무리가 되어
* The entire group was found safe.
  그룹 전원이 안전하다는 것이 확인되었다.

820
□ **village**　　圀 마을, 촌락
[vílidʒ]
* a fishing village 어촌
* Darkness fell upon the village.
  어둠이 그 마을을 덮었다.

821
□ **beef**　　　圀 쇠고기
[biːf]
* roast beef 구운 쇠고기 요리
* I'd like to have a beef sandwich.
  쇠고기 샌드위치를 먹고 싶어요.

822
□ **load**　　　圀 짐, 부담　동 짐을 싣다
[loud]
* load a train 기차에 짐을 싣다
* Put down your load and rest.
  짐을 내려놓고 쉬어라.

823
□ **coin**　　　圀 동전, 주화　동 주조하다
[kɔin]
* small coin 잔돈
* The mint strikes coins.
  조폐국은 화폐를 주조한다.

824
□ **bookstore**　圀 서점, 책방
[búkstɔ̀ːr]
* a secondhand bookstore 헌책방
* It's across the bookstore.
  그것은 서점 맞은편에 있어요.

825
□ **knowledge** 명 지식

[nάlidʒ / nɔ́l-]

❖ scientific knowledge 과학 지식
❖ Knowledge is power. 아는 게 힘이다.

826
□ **label** 명 꼬리표, 딱지, 상표

[léibəl]

❖ label a parcel 짐에 물표를 달다
❖ He was labeled a problem child.
그에게 문제아라는 딱지가 붙여졌다.

827
□ **port** 명 항구, 항구마을

[pɔːrt]

❖ a naval port 군항
❖ The boat was scheduled to make port
today. 그 배는 오늘 입항할 예정이었다.

828
□ **quarter** 명 4분의 1, 15분 동 4(등)분하다

[kwɔ́ːrtər]

❖ quarter an apple 사과를 4등분하다
❖ A quarter of a dollar is 25 cents.
1달러의 4분의 1은 25센트다.

829
□ **sunrise** 명 해돋이, 일출(반 sunset 일몰)

[sʌ́nràiz]

❖ before the sunrise 해가 뜨기 전에
❖ The beautiful scene of the sunrise is
beyond description.
해가 떠오르는 광경의 아름다움은 형언할 수 없다.

830
□ **sunshine** 명 햇빛, 양지

[sʌ́nʃàin]

❖ genial sunshine 따뜻한 햇빛
❖ Plants will not thrive without sunshine.
햇빛이 없으면 식물은 잘 자라지 않을 것이다.

831
□ **wedding** 명 결혼식, 혼례 형 결혼의

[wédiŋ]

❖ a framed wedding picture
액자에 끼운 결혼사진
❖ When will the wedding be?
결혼식은 언제 거행됩니까?

832
□ **crown** 　　몡 왕관, 왕권　통 왕위에 앉히다

[kraun]
❖ succeed to the crown 왕위를 잇다
❖ George Ⅵ was crowned in 1936.
소시 6세는 1936년에 즉위했다.

833
□ **stick** 　　몡 막대기, 나무토막　통 찌르다

[stik]
❖ a stick of soap 막대 비누
❖ He struck me with a stick.
그는 지팡이로 나를 쳤다.

834
□ **seed** 　　몡 씨　통 씨를 뿌리다

[si:d]
❖ sow seed 씨를 뿌리다
❖ The seed is yellow. 그 씨앗은 노랗다.

835
□ **pole** 　　몡 극, 극지, 막대기, 장대

[poul]
❖ a fishing pole 낚싯대
❖ The morning glory winds around a
bamboo pole.
나팔꽃이 대나무 장대에 친친 감겨 있다.

836
□ **coal** 　　몡 석탄

[koul]
❖ brown coal 갈탄
❖ This district is rich in iron and coal.
이 지방은 철과 석탄이 풍성하다.

837
□ **comb** 　　몡 빗　통 빗질하다

[koum]
❖ a wide-tooth comb 얼레빗
❖ I dry my hair and comb it.
나는 머리를 말리고 빗질한다.

wedding 　1주년 paper wedding(지혼식) 10주년 tin wedding(석혼식)
25주년 silver wedding(은혼식) 30주년 pearl wedding(진주혼식)
40주년 ruby wedding(루비혼식) 50주년 golden wedding(금혼식)
60주년 diamond wedding(다이아몬드혼식)

Part II 33일 Point up

838
□ dream [명] 꿈, 이상 [동] 꿈꾸다, 공상하다

[driːm]

- ❖ read a dream 해몽하다
- ❖ I dreamed of my friend last night.
  어젯밤 친구의 꿈을 꾸었다.

839
□ drink [명] 음료 [동] 마시다 [활] drink–drank–drunk

[driŋk]

- ❖ eat and drink 먹고 마시다.
- ❖ Give me something to drink.
  마실 것 좀 주세요.

840
□ sugar [명] 설탕

[ʃúgə*r*]

- ❖ a lump of sugar 설탕 한 개
- ❖ How much sugar shall I put in your tea?
  차에 설탕을 얼마나 넣을까요?

841
□ mile [명] 마일(약 1,609미터)

[mail]

- ❖ a long mile 넉넉히 1마일
- ❖ It would be about a mile from here to town. 여기서 읍까지는 1마일쯤 될 겁니다.

842
□ flashlight [명] 플래시, 회중 전등

[flǽʃlàit]

- ❖ snap a flashlight 플래시를 터뜨리다
- ❖ Shine your flashlight on my steps.
  플래시로 발밑을 비추어 주시오.

843
□ vegetable [명] 야채, 푸성귀

[védʒətəbl]

- ❖ live on vegetables 채식하다
- ❖ She likes vegetable soup.
  그녀는 야채 수프를 좋아한다.

844
□ mouse　　명 생쥐
[maus]

❖ field mouse 들쥐
❖ He has a pet mouse.
그는 애완용 생쥐를 갖고 있다.

845
□ wood　　명 나무, 숲
[wud]

❖ a house made of wood 목조집
❖ The wood glues well.
목재는 아교로 잘 붙는다.

846
□ war　　명 전쟁(반 peace 평화)　동 전쟁하다
[wɔːr]

❖ an aggressive war 침략 전쟁
❖ War brings disaster. 전쟁은 재난을 초래한다.

847
□ ground　　명 땅, 운동장
[graund]

❖ fall to the ground 땅에 거꾸러지다
❖ Schoolboys are playing football on the ground.
남학생들이 운동장에서 축구를 하고 있다.

848
□ belt　　명 벨트, 띠
[belt]

❖ a seat belt 좌석 벨트
❖ Please fasten your seat belt.
안전벨트를 매 주십시오.

849
□ copy　　명 사본, 복사　동 복사하다, 베끼다
[kápi / kɔ́pi]

❖ make[take] a copy 복사하다
❖ Please make three copies of this picture.
이 사진을 세 장만 복사해 주세요.

850
□ tourist　　명 여행자, 관광객
[túərist]

❖ the tourist industry 관광 산업
❖ The tourist has a big suitcase.
그 관광객은 큰 여행 가방을 가지고 있다.

851

□ **airport** 　 몡 공항, 비행장

[ɛ́ərpɔ̀ːrt]
- ❖ international airport 국제공항
- ❖ The airport closed again.
  공항이 다시 폐쇄됐다.

852

□ **passport** 　 몡 여권

[pǽspɔ̀ːrt/páːs-]
- ❖ have a passport 여권을 소지하다
- ❖ May I see your passport, please?
  여권 좀 볼 수 있을까요?

853

□ **plate** 　 몡 접시

[pleit]
- ❖ a negative plate 원판
- ❖ The cat licked the plate clean.
  고양이가 접시를 깨끗이 핥았다.

854

□ **stone** 　 몡 돌, 석재

[stoun]
- ❖ throw a stone 돌을 던지다
- ❖ He tripped on a stone.
  그는 돌부리에 걸려 넘어졌다.

855

□ **downtown** 　 몡 도심지, 상가

[dáuntáun]
- ❖ go downtown 상가에 가다
- ❖ We live two hours from downtown.
  우리는 시내에서 2시간 거리에 살고 있다.

856

□ **cousin** 　 몡 사촌

[kʌ́zn]
- ❖ a girl cousin 여자 사촌
- ❖ He and my cousin got engaged.
  그는 나의 사촌과 약혼했다.

857

□ **tooth** 　 몡 이(빨)

[tuːθ]
- ❖ have a tooth out 이를 뽑다
- ❖ My tooth is coming loose. 이가 흔들흔들한다.

858
□ **potato**   몡 감자

[pətéitou]
- ❖ steam potatoes 감자를 찌다
- ❖ He stuck his fork into the potato.
  그는 포크로 감자를 찔렀다.

859
□ **blanket**   몡 모포, 담요

[blǽŋkit]
- ❖ wrap oneself in a blanket
  담요로 몸을 감싸다
- ❖ Put the blanket on the baby.
  이 담요를 갓난아기에게 덮어 주거라.

860
□ **creek**   몡 시냇물, 샛강

[kri:k/krik]
- ❖ up the creek 꼼짝달싹 못하게 되어
- ❖ After we put up our tents, we went to a creek.
  우리는 텐트를 치고 나서, 시내로 갔다.

861
□ **nail**   몡 손톱, 발톱

[neil]
- ❖ trim[cut] one's nails 손톱을 깎다
- ❖ I'd like to get my nails done.
  나는 손톱 손질을 받고 싶어요.

862
□ **letter**   몡 편지, 문자

[létər]
- ❖ by letter 편지로
- ❖ We only communicate by letter.
  우리는 편지로만 연락한다.

863
□ **date**   몡 날짜, 데이트(상대)   동 날짜를 적다

[deit]
- ❖ the date of birth 생년월일
- ❖ They fixed the date.
  그들은 날짜를 정했다.

Tip   **date** 어법 날짜에 연호가 붙을 때는 날짜와 연호 사이에 콤마를 찍기도 하고 안 찍기도 한다. **참고** due date 만기일
유의어 appointment 약속

864
□ store [명] 가게, 상점, 저장 [동] 저장하다

[stɔːr]

❖ a general store 잡화점
❖ Bees store up honey for the winter.
꿀벌은 겨울에 대비해서 꿀을 저장한다.

865
□ supper [명] 저녁식사

[sʌ́pər]

❖ the Last Supper 최후의 만찬
❖ I had supper already.
나는 벌써 저녁 식사를 했어요.

866
□ beggar [명] 거지, 빈털터리

[bégər]

❖ die a beggar 거지가 되어 죽다
❖ He is no longer a beggar.
그는 더 이상 거지가 아니다.

867
□ bedside [명] 침대 곁, 베갯머리

[bédsàid]

❖ at bedside 베갯머리에
❖ He summoned me to his bedside.
그는 나를 침대 곁으로 불렀다.

868
□ deer [명] 사슴

[diər]

❖ run like a deer 질주하다
❖ The deer ran off in alarm.
사슴은 놀라서 달아났다.

869
□ bill [명] 계산서, 청구서

[bil]

❖ write out a bill 청구서를 쓰다
❖ Can I have a bill? 계산서 좀 주시겠어요?

870
☐ **doll** 　　　 명 인형

[dɑl/dɔːl] 　　 ❖ a pretty doll 깜찍한 인형
　　　　　　 ❖ There is a doll on the bed.
　　　　　　 　침대 위에 인형 하나가 있다.

871
☐ **pepper** 　　 명 후추

[pépər] 　　　 ❖ sprinkle pepper 후추를 치다
　　　　　　 ❖ Pepper makes food hot.
　　　　　　 　후추는 음식에 매운 맛을 낸다.

872
☐ **frog** 　　　 명 개구리

[frɔːg/frɑg/frɔg] ❖ an edible frog 식용 개구리
　　　　　　 ❖ The frog is jumping.
　　　　　　 　개구리가 뛰어오르고 있다.

873
☐ **tower** 　　　 명 탑, 망루

[táuər] 　　　 ❖ a tower of ivory 상아탑
　　　　　　 ❖ The fire took the tower.
　　　　　　 　불이 탑에 옮겨 붙었다.

874
☐ **bridge** 　　 명 다리, 교량

[bridʒ] 　　　 ❖ rebuild a bridge 다리를 다시 놓다
　　　　　　 ❖ We walked across the bridge.
　　　　　　 　우리는 걸어서 다리를 건넜어요.

875
☐ **disease** 　 명 병, 질환(비 illness)

[dizíːz] 　　　 ❖ a family disease 유전병
　　　　　　 ❖ It'll cure any disease of the eyes.
　　　　　　 　그것은 어떠한 눈병도 고칠 수 있어요.

876
☐ **pain** 　　　 명 아픔, 고통, 수고

[pein] 　　　 ❖ a pain in the head 두통
　　　　　　 ❖ The pain passed off.
　　　　　　 　통증은 말끔히 가셨다.

877

□ **cloth** 	몡 천, 직물

[klɔːθ/klɑθ] 	❖ plain cloth 무늬 없는 천
	❖ She spread the table with a cloth.
	그녀는 식탁에 식탁보를 폈다.

878

□ **post** 	몡 우편, 우편물 	통 우편물을 부치다

[poust] 	❖ by post 우편으로
	❖ I posted Father's letter on my way to
	school.
	학교 가는 도중에 나는 아버지의 편지를 부쳤다.

879

□ **medicine** 	몡 약(반 poison 독약), 내복약

[médəsin / médsin] 	❖ the virtue of medicine 약의 효능
	❖ This medicine works well.
	이 약은 잘 듣는다.

880

□ **snake** 	몡 뱀

[sneik] 	❖ a fear of snakes 뱀에 대한 공포심
	❖ The snake is a natural enemy of the frog.
	뱀은 개구리의 천적이다.

881

□ **job** 	몡 직업, 일

[dʒɑb / dʒɔb] 	❖ a job step 작업 단계
	❖ What's your job? 당신의 직업은 무엇입니까?

882

□ **town** 	몡 도시, 읍

[taun] 	❖ town life 도시 생활
	❖ It was spent out of town.
	도시 밖에서 보냈다.

883

□ **fun** 	몡 놀이, 재미

[fʌn] 	❖ full of fun 즐거워서
	❖ We had a lot of fun at the picnic.
	피크닉은 대단히 재미있었다.

884
□ **bathroom** [명] 욕실, 화장실

[bǽθrù:m]

- bathroom tissue 화장실 휴지
- The bathroom door was stuck.
  욕실 문이 꽉 닫혀서 열리지 않는다.

885
□ **tail** [명] 꼬리, 끝, 뒷면

[teil]

- the tail of a kite 연 꼬리
- The cat switched its tail.
  그 고양이는 꼬리를 쳤다.

886
□ **mayor** [명] 시장(市長)

[méiər/mεər]

- the Mayor of Seoul 서울 시장
- What's the new mayor like?
  새 시장은 어떠한 사람이냐?

887
□ **piece** [명] 조각, 하나, 한 개

[pi:s]

- a piece of chalk 분필 한 자루
- There is a piece of blue cloth.
  파란 천 조각이 있습니다.

888
□ **fruit** [명] 과일, 산물

[fru:t]

- fruits in season 제철 과일
- The sun ripens fruit.
  햇볕에 과일이 익는다.

889
□ **British** [명] 영국인 [형] 영국의

[brítiʃ]

- the British Embassy 영국 대사관
- They are under British rule.
  영국의 통치하에 있다.

Tip

job *특히 일(삯일, 도급일, 청부일)은 임시적인 것을 가리키는 경우가 많다. **참고** good job 잘했어! **유의어** work 일

890
□ French

[frentʃ]

몡 프랑스 사람, 프랑스어

❖ a French lesson 불어 수업
❖ Dutch and French are spoken there.
거기에서는 네덜란드어와 프랑스어가 사용된다.

891
□ German

[dʒə́ːrmən]

몡 독일사람, 독일어

❖ speak German fairly well
독일어를 웬만큼 하다
❖ He was born to German parents.
그는 독일인 부모에게 태어났다.

892
□ sale

[seil]

몡 판매, 염가 판매

❖ a bargain sale 염가 대매출
❖ This house is for sale.
이 집은 팔려고 내놓았다.

893
□ rope

[roup]

몡 새끼, 밧줄, 끈

❖ a rope of pearls 진주 한 꿰미
❖ The rope broke in two.
밧줄은 두 가닥으로 끊겼다.

894
□ umbrella

[ʌmbrélə]

몡 우산, 양산

❖ shut an umbrella 우산을 접다
❖ May I borrow your umbrella?
우산 좀 빌려주시겠습니까?

895
□ dollar

[dálər / dɔ́lər]

몡 달러

❖ earn dollars 달러를 벌다
❖ The best dinner is 67 dollars.
최고의 저녁 식사가 67달러이다.

896

□ birth

[bə:rθ]

명 출생, 태생

❖ a rural birth 시골 출생
❖ He is of noble birth. 그는 귀족 태생이다.

897

□ pilot

[páilət]

명 조종사, 안내인

❖ take on a pilot 수로 안내를 부탁하다
❖ I want to become a pilot.
나는 조종사가 되고 싶다.

898

□ front

[frʌnt]

명 앞, 정면   형 앞의, 정면의

❖ the front seat 차의 앞좌석
❖ She placed the letter in front of me.
그녀는 내 앞에 편지를 놓았다.

899

□ present

[prézənt]

명 현재, 선물   형 현재의   동 선물하다, 주다

❖ a nice present 훌륭한 선물
❖ He presented her with a handkerchief.
그는 그녀에게 손수건을 선물했다.

900

□ nickname

[níknèim]

명 별명, 애칭

❖ give a nickname 별명을 붙이다
❖ Her nickname was "Grinder".
그녀의 별명은 공부 벌레였다.

901

□ telephone

[téləfòun]

명 전화, 전화기   동 전화를 걸다

❖ a telephone operator 전화 교환수
❖ I telephoned him to come at once.
나는 그에게 곧 오라고 전화했다.

902

□ pair

[pɛər]

명 한 쌍

❖ a pair of shoes 구두 한 켤레
❖ I need a new pair of gloves.
나는 새 장갑 한 벌이 필요하다.

903
□ **weather** [명] 날씨, 기후

[wéðər]

- in all weathers 어떤 날씨에도
- The weather is promising.
  날씨가 괜찮을 듯하다.

904
□ **dish** [명] 큰 접시, 요리

[diʃ]

- a nice dish 맛있는 요리
- This dish is his favorite.
  이 음식은 그가 좋아하는 것이다.

905
□ **hole** [명] 구멍, 구덩이

[houl]

- dig a hole 구멍을 파다
- There is a hole in his sock.
  그의 양말에 구멍이 뚫어져 있다.

906
□ **plane** [명] 비행기([비] airplane)

[plein]

- a passenger plane 여객기
- The plane landed at Incheon Airport.
  그 비행기는 인천공항에 착륙했어요.

907
□ **livingroom** [명] 거실

[líviŋru:m]

- Tom cleans the livingroom.
  탐은 거실을 청소한다.

908
□ **gun** [명] 대포, 총

[gʌn]

- a machine gun 기관총
- The bank was robbed by two men with guns.
  그 은행은 총을 가진 두 사람에 의해 강도당했다.

909
□ **meat** [명] 고기, 육류

[mi:t]

- chilled meat 냉장육
- This meat is tough. 이 고기는 질기다.

910

□ **grass** 　　명 풀, 초원, 잔디

[græs/grɑːs]　　❖ a grass field 풀밭
　　❖ The cat crept silently through the grass.
　　고양이가 살금살금 잔디밭을 기어갔다.

911

□ **word** 　　명 낱말, 단어

[wəːrd]　　❖ an English word 영어 단어
　　❖ When you take notes, use your own words.
　　필기를 할 때는 자신의 단어를 사용하라.

912

□ **uncle** 　　명 삼촌, 아저씨(반 aunt 아줌마)

[ʌ́ŋkl]　　❖ My uncle is bald. 나의 삼촌은 대머리이다.
　　❖ My uncle is a farmer.
　　내 삼촌은 농부입니다.

913

□ **balloon** 　　명 기구, 풍선

[bəlúːn]　　❖ a rubber balloon 고무풍선
　　❖ She is blowing up a balloon.
　　여자는 풍선을 불고 있다.

914

□ **stamp** 　　명 우표, 도장　동 우표를 붙이다

[stæmp]　　❖ put a stamp 우표를 붙이다
　　❖ I bought a stamp album.
　　나는 우표 앨범을 샀다.

915

□ **vote** 　　명 투표, 투표권　동 투표하다

[vout]　　❖ a popular vote 국민 투표
　　❖ It's important that everyone votes.
　　모든 사람이 투표를 한다는 것은 중요하다.

Tip

word 참고 in a word 한마디로　word for word 글자 그대로

916
□ **alarm** 　　　명 놀람, 경보　동 놀라게 하다, 경보하다

[əláːrm]
❖ a fire alarm 화재 경보
❖ The hens cackled in alarm.
　　닭이 놀라서 꼬르륵 댔다.

917
□ **consumer** 　명 소비자, 수요자

[kənsúːmər]
❖ the consumer price 소비자 물가
❖ In capitalist societies the consumer is king.
　　자본주의 사회에서는 소비자가 왕이다.

918
□ **demand** 　　명 요구, 수요　동 요구하다

[diménd/-máːnd]
❖ be in demand 인기가 있다
❖ He satisfied her demand.
　　그는 그녀의 요구를 충족시켰다.

919
□ **doubt** 　　　명 의심, 의혹, 불신　동 의심하다

[daut]
❖ without doubt 틀림없이
❖ There is no doubt that he is a good boy.
　　그가 착한 소년임은 의심의 여지가 없다.

920
□ **tear** 　　　　명 눈물　동 찢다, 눈물을 흘리다

[tɛər]
❖ She tore the letter in two.
　　그 여자는 그 편지를 두 쪽으로 찢었다.
❖ A tear stole down her cheek.
　　한 줄기 눈물이 그녀의 뺨으로 흘러내렸다.

921
□ **country** 　　명 나라, 국토, 시골　형 시골[지방]의

[kántri]
❖ a country town 지방 도시
❖ I love my country. 나는 내 나라를 사랑한다.

922
□ artist
[áːrtist]
명 예술가, 화가

❖ a born artist 타고난 예술가
❖ He was a great artist.
그는 위대한 예술가였어요.

923
□ sound
[saund]
명 소리, 음 동 소리가 나다

❖ make a sound 소리를 내다
❖ His voice sounds funny.
그의 목소리가 이상하게 들린다.

924
□ check
[tʃek]
명 점검, (미) 수표 동 점검하다, 대조하다

❖ a certified check 보증 수표
❖ Check your accounts.
계산서를 점검하십시오.

925
□ sail
[seil]
명 돛, 돛단배 동 항해하다

❖ get in a sail 돛을 줄이다
❖ The ship sailed for America.
그 배는 미국을 향하여 출항하였다.

926
□ condition
[kəndíʃən]
명 상태(비 state), 조건, 사정

❖ attach a condition 조건을 붙이다
❖ Ability and effort are two conditions of success. 능력과 노력은 성공의 조건이다.

927
□ drop
[drɑp/drɔp]
명 물방울 동 떨어지다, 떨어뜨리다

❖ a drop of rain 빗방울
❖ The book dropped from his hand.
그의 손에서 책이 떨어졌다.

928
□ gym
[dʒim]
명 체육관(비 gymnasium), 체육

❖ get the gym class 체육 수업을 받다
❖ The students collected in the gym.
학생들이 체육관에 모였다.

929

□ **border** 　명 가장자리, 경계 　동 ~에 접하다

[bɔ́:rdər] 　❖ a border dispute 경계[국경] 분쟁
　❖ His land lot borders on the road.
　그의 땅은 도로에 붙어 있다.

930

□ **fear** 　명 무서움, 근심 　동 두려워하다

[fiər] 　❖ an idle fear 괜한 걱정
　❖ There is nothing to fear.
　아무것도 무서울 것 없다.

931

□ **need** 　명 필요 　동 필요로 하다

[ni:d] 　❖ I need money. 돈이 필요하다.
　❖ He needs your help.
　그는 당신의 도움을 필요로 한다.

932

□ **bedroom** 　명 침실

[bédrù:m/-rùm] 　❖ the master bedroom 주인용 침실
　❖ We need a new bedroom carpet.
　새 침실 카펫이 필요하다.

933

□ **pitch** 　명 던지기, 투구 　동 던지다

[pitʃ] 　❖ pitch a ball 공을 던지다
　❖ He is pitching the ball. 그는 볼을 던지고 있다.

934

□ **conversation** 　명 대화

[kὰnvərséiʃən] 　❖ start a conversation 대화를 시작하다
　❖ The conversation is lively.
　대화가 활발하다.

935

□ **classmate** 　명 동급생, 학급 친구

[klǽsmèit] 　❖ quarrel with a classmate
　급우와 말다툼하다
　❖ He is the pest of his classmates.
　그는 급우들한테 따돌림을 받고 있다.

936
□ **response** 　명 응답, 반응

[rispáns/-spɔ́ns]
- ❖ make no response 응답이 없다
- ❖ My letter of inquiry brought no response.
  내 문의 편지에는 아무런 회답도 오지 않았다.

937
□ **travel** 　명 여행 　동 여행하다

[trǽvəl]
- ❖ travel abroad 해외를 여행하다
- ❖ I want to travel around the world.
  나는 세계를 여행하고 싶다.

938
□ **pressure** 　명 압박

[préʃər]
- ❖ under pressure 압력을 받아
- ❖ She did it under pressure from her parents.
  그녀는 부모님의 압력에 못 이겨 그 일을 했다.

939
□ **smoke** 　명 연기 　동 연기나다, 담배피우다

[smouk]
- ❖ a cloud of smoke 뭉게뭉게 올라가는 연기
- ❖ Smoke filled the room.
  방에 연기가 자욱했다.

940
□ **paint** 　명 페인트 　동 (그림을) 그리다

[peint]
- ❖ raw paint 갓 칠한 페인트
- ❖ The house smelt of paint.
  그 집은 페인트 냄새가 났다.

941
□ **hand** 　명 손, 일손 　동 건네주다, 주다(비 give)

[hænd]
- ❖ give a hand 손을 빌려주다
- ❖ The girls danced hand in hand.
  그 소녀들은 손에 손을 잡고 춤췄다.

Tip

hand 참고 hand in hand 서로 손을잡고　on hand 도움을 구할 수 있는

942

□ **fool**

[fu:l]

명 바보, 어리석은 사람   동 놀리다, 속이다

❖ play for a fool 바보 취급하다
❖ She is no fool.
  그녀는 결코 멍텅구리가 아니다.

943

□ **industry**

[índəstri]

명 산업, 근로, 근면   형 산업의

❖ the tourist industry 관광 사업
❖ The industry has made great
  development. 그 공업은 크게 발달하였다.

944

□ **apartment**

[əpá:rtmənt]

명 아파트(비 flat), 공동주택

❖ rent an apartment 아파트를 세놓다
❖ He patrols our apartment every day.
  그는 매일 우리 아파트를 순찰한다.

945

□ **distance**

[dístəns]

명 거리, 간격   형 먼 떨어진

❖ from a distance 멀리서
❖ He paced off the distance.
  그는 걸음으로 거리를 쟀다.

946

□ **success**

[səksés]

명 성공, 성공한 사람, 대성공

❖ score a success 성공하다
❖ The evening meeting was a success.
  그날 밤의 모임은 대성공이었다.

947

□ **opposite**

[ápəzit/-sit / ɔ́p-]

명 정반대, 맞은 편   형 정반대의

❖ in the opposite direction 반대방향에
❖ He thought quite the opposite.
  그는 정반대로 생각했다.

948

□ **crowd** 명 군중 동 빽빽이 들어차다

[kraud]
- ❖ control the crowd 군중을 제지하다
- ❖ A crowd stood around them.
  군중들이 그들 주변에 둘러섰다.

949

□ **brown** 명 갈색 형 갈색의

[braun]
- ❖ light brown 연한 고동색
- ❖ I like the brown one better.
  나는 갈색 재킷이 더 좋아.

950

□ **contact** 명 접촉 동 ~와 접촉하다, 연락하다

[kántækt / kɔ́n-]
- ❖ an official contact 공식적인 접촉
- ❖ He made contact with them.
  그는 그들과 연락을 했다.

951

□ **environment** 명 환경

[inváiərənmənt]
- ❖ social environment 사회적 환경
- ❖ Environment is a potent influence.
  환경이 주는 영향은 크다.

952

□ **motion** 명 운동, 동작, 동의 동 동작으로 알리다

[móuʃən]
- ❖ a motion of the hand 손짓
- ❖ He motioned me to the seat.
  자리에 앉으라고 몸짓으로 알렸다.

953

□ **first** 명 제1, 첫 번째(반 last) 형 제1의, 첫 번째의

[fəːrst]
- ❖ the first edition 초판본
- ❖ First, they are very fast.
  첫째, 그것들은 속도가 매우 빠르다.

954

□ **instance** 명 사례, 예증, 실례(비 example)

[ínstəns]
- ❖ for instance 예를 들면
- ❖ Here is an instance of his honesty.
  여기 그의 정직함을 보여주는 예가 있다.

955
□ **law** [명] 법률, 법칙, 규칙

[lɔː]

❖ the law of the land 국법
❖ He designs for law.
그는 법률을 공부할 생각이다.

956
□ **notice** [명] 통지, 주의, 게시 [동] 주의하다

[nóutis]

❖ hammer up a notice 게시를 두들겨 붙이다
❖ He gave notice that he would quit.
그는 떠나라는 통지를 받았다.

957
□ **movement** [명] 움직임, (정치사회적) 운동

[múːvmənt]

❖ a peace movement 평화 운동
❖ He leads the van in this great movement.
그는 이 운동에 앞장서고 있다.

958
□ **share** [명] 몫, 할당, 분담 [동] 분배하다

[ʃɛər]

❖ share expenses 비용을 분담하다
❖ He shared the candy with his brother.
그는 동생과 그 과자를 나누어 가졌다.

959
□ **outside** [명] 바깥쪽, 외부 [형] 외부의 [부] 밖에

[àutsáid]

❖ an outside antenna 옥외 안테나
❖ Tom called me from outside.
Tom이 밖에서 나를 불렀다.

960
□ **inside** [명] 안쪽([반] outside 바깥쪽) [형] 내부의 [부] 안쪽에

[insáid]

❖ from inside 내부에
❖ What's inside the big box?
그 큰 상자 안에 뭐가 들었니?

961
□ **height** [명] 높이, 신장, 고지, 절정

[hait]

❖ the height of pleasure 기쁨의 절정
❖ Her sitting height is 85cm.
그녀의 앉은키는 85cm이다.

962
□ **secret** 명 비밀 형 비밀의, 숨기는

[síːkrit]
- ❖ cherish a secret 비밀을 지니다
- ❖ It's a secret.
  비밀이야.

963
□ **member** 명 (단체의) 일원, 회원, 사원

[mémbər]
- ❖ all the members 회원 일동
- ❖ We now have 57 members.
  현재 회원은 57명입니다.

964
□ **emergency** 명 비상시, 긴급 사태, 응급

[iméːrdʒənsi]
- ❖ a national emergency 국가 비상시
- ❖ In an emergency, call the fire station.
  긴급사태엔 소방서에 전화해라.

965
□ **form** 명 모양, 형식, 양식 동 형성하다

[fɔːrm]
- ❖ as a matter of form 형식상
- ❖ Ice is a form of water.
  얼음은 물의 한 형태이다.

966
□ **end** 명 끝, 최후 동 끝나다

[end]
- ❖ at the end 최후에는
- ❖ We live at the end of the street.
  우리는 그 큰길 끝에 살아요.

967
□ **friend** 명 벗, 친구, 동반자

[frend]
- ❖ be friends with 친구로 지내다
- ❖ He is really a good friend.
  그는 정말로 좋은 친구이다.

Tip

form 참고 re-form 재결성하다 take form 형태를 갖추다

968

□ **son** 명 아들(반 daughter 딸)

[sʌn]
* ❖ hope for a son 아들을 낳기 바라다
* ❖ I have a son and two daughters.
  나는 아들 한 명과 딸 두 명을 두었어요.

969

□ **animal** 명 동물, 짐승

[ǽnəməl]
* ❖ the lower animals 하등 동물
* ❖ Many animals live in the woods.
  여러 동물들이 숲 속에 산다.

970

□ **game** 명 경기, 시합, 게임

[ɡeim]
* ❖ a baseball game 야구 경기
* ❖ He is playing a computer game.
  그는 컴퓨터 게임을 하고 있다.

971

□ **lately** 명 최근, 요즘

[léitli]
* ❖ till lately 최근까지
* ❖ I haven't seen him lately.
  요즘 그를 만나지 못했다.

972

□ **line** 명 선, 열, 줄

[lain]
* ❖ a main line 본선
* ❖ They stand in line.
  그들은 일렬로 서 있다.

973

□ **mark** 명 표적, 기호, 점수, 표시하다

[mɑːrk]
* ❖ mark in pencil 연필로 표하다
* ❖ The bullet missed its mark.
  총알이 표적을 빗나갔다.

974
□ **peace**　🔲 평화

[piːs]
- ❖ in time of peace 평화시에
- ❖ If you want peace, prepare for war.
  평화를 원한다면 전쟁에 대비하라.

975
□ **aunt**　🔲 아주머니, 숙모

[ænt / ɑːnt]
- ❖ his maternal aunt 그의 외숙모[이모]
- ❖ Her aunt is an announcer.
  그녀의 숙모는 아나운서다.

976
□ **entrance**　🔲 입구, 입학, 입장

[éntrəns]
- ❖ an entrance examination 입학시험
- ❖ The girl is at the park's entrance.
  소녀는 공원 입구에 있다.

977
□ **freedom**　🔲 자유, 해방

[fríːdəm]
- ❖ gain freedom 자유를 쟁취하다
- ❖ He was deprived of his freedom.
  그는 자유를 잃어버렸다.

978
□ **incident**　🔲 사건, 일

[ínsədənt / ínsidənt]
- ❖ a strange incident 이상한 사건
- ❖ I will account for the incident.
  내가 그 사건에 대해 설명하겠다.

979
□ **lack**　🔲 부족, 결핍　🔲 없다, 부족하다

[læk]
- ❖ lack of funds 자본의 부족
- ❖ He lacks confidence.
  그는 자신감이 부족하다.

980
□ **poison**　🔲 독(약), 독물　🔲 독 있는, 해로운

[póizn]
- ❖ poison to death 독으로 죽이다
- ❖ This poison scoured my house of rats.
  이 독약으로 집안의 쥐가 싹 없어졌다.

981
☐ **responsibility** 🅜 책임, 의무

[rispὰnsəbíləti]

❖ take the responsibility for 책임을 떠맡다
❖ I take full responsibility.
　모두 제 책임입니다.

982
☐ **sort** 🅜 종류, 성질

[sɔːrt]

❖ trees of these sorts 이런 종류의 나무
❖ What sorts of things do you grow?
　어떤 종류의 것들을 키우나요?

983
☐ **sunset** 🅜 해넘이, 일몰, 해 질 녘

[sʌ́nsèt]

❖ at sunset 해 질 녘에
❖ I couldn't forget the sunset from the
　beach. 해변에서 바라본 일몰을 잊을 수가 없었다.

984
☐ **victory** 🅜 승리, 전승, 정복

[víktəri]

❖ look for victory 승리를 기대하다
❖ The victory is on our side.
　승리는 우리의 것이다.

985
☐ **ox** 🅜 황소

[ɑks / ɔks]

❖ a fat ox 살찌운 소
❖ He is as strong as an ox.
　그는 소처럼 아주 힘이 세다.

986
☐ **guide** 🅜 안내자 (🅑 lead) 🅥 안내하다

[gaid]

❖ guide sightseers 관광객을 안내하다
❖ Our guide misled us in the woods.
　안내인이 숲속에서 우리를 잘못 안내했다.

987
☐ **rest** 🅥 휴식하다 🅜 휴식, 나머지

[rest]

❖ rest a while 잠깐 휴식하다
❖ Rest when you are tired. 피곤할 때는 쉬시오.

988
□ **cure** [동] 치료하다, 고치다 [명] 치료법

[kjuər]
- a sure cure 확실한 요법
- This medicine will cure you of your disease.
  이 약을 쓰면 병이 낫습니다.

989
□ **mistake** [동] 틀리다 [명] 잘못

[mistéik]
- by mistake 잘못하여
- I made a serious mistake.
  나는 중대한 실수를 했다.

990
□ **cover** [동] 덮다 [명] 덮개, 표지

[kʌ́vər]
- cover over 덮어 가리다
- Mother covered the baby with a cloth.
  어머니는 아기에게 보를 덮어 주었다.

991
□ **watch** [동] 지켜보다 [명] 손목시계

[wɑtʃ / wɔːtʃ]
- a wrist watch 손목시계
- We watch TV or listen to music.
  우리는 TV를 보거나 음악을 듣습니다.

992
□ **explain** [동] 설명하다, 변명하다

[ikspléin]
- explain the situation 상황을 설명하다
- She explained the meaning of the word.
  그 여자는 그 말의 뜻을 설명하였습니다.

993
□ **wear** [동] 입다, 착용하다 [활] wear-wore-worn [명] 착용, 의복

[wεər]
- wear[put on] trousers 하의를 입다
- She is wearing a skirt and a blouse.
  그녀는 스커트와 블라우스를 입고 있다.

Tip

explain 어원 ex(완전히)+plain(평평한) → 평평하게 하다 **참고** fully explain 충분히 설명하다 briefly explain 간단히 설명하다

994
□ **amuse** 동 즐겁게 하다, 재미나게 하다

[əmjúːz]
- ❖ amuse oneself 흥겨워하다
- ❖ The puppy amused us.
  강아지는 우리를 즐겁게 해주었다.

995
□ **suppose** 동 상상하다, 생각하다

[səpóuz]
- ❖ I suppose so. 아마 그렇겠지.
- ❖ Let us suppose that he is innocent.
  그가 무죄라고 가정해 보자.

996
□ **leap** 동 뛰어오르다, 도약하다 명 도약

[liːp]
- ❖ leap down 뛰어내리다
- ❖ He took one leap over the creek.
  그는 도랑을 한 번에 뛰어넘었다.

997
□ **bury** 동 (땅에) 파묻다, 매장하다

[béri]
- ❖ bury a body 주검을 묻다
- ❖ They discovered where the treasure was buried.
  그들은 어디에 보물이 묻혀 있는지를 알아냈다.

998
□ **engage** 동 고용하다, 약속하다

[engéidʒ]
- ❖ engage a servant 하인을 고용하다
- ❖ He engaged himself to do the job .
  그는 그 일을 하기로 약속했다.

999
□ **sow** 동 씨를 뿌리다(비 scatter)

[sou]
- ❖ sow a crop 작물의 씨를 뿌리다
- ❖ As a man sows, so he shall reap.
  제가 뿌린 씨는 제가 거둔다.

1000 lift [lift] 동 들어 올리다, 들다
- lift a stone 돌을 들다
- This baggage is light to lift. 이 짐은 들기에 가볍다.

1001 bow [bou/bau] 동 절하다 명 절
- bow politely 공손히 절하다
- He bowed his thanks. 그는 감사하다고 절을 했다.

1002 rub [rʌb] 동 문지르다, 비비다, 닦다
- rub down 마찰하다
- She rubbed her hands sore. 그녀는 아프도록 손을 비벼댔다.

1003 bite [bait] 동 물다, 물어뜯다
- bite one's tongue 혀를 깨물다
- A dog bit him in the leg. 개가 그의 다리를 물었다.

1004 buy [bai] 동 사다, 구입하다, 얻다 buy-bought-bought
- on the buy 열심히 사들여
- Money can't buy happiness. 돈으로 행복을 살 수는 없다.

1005 hop [hɑp/hɔp] 동 뛰다, 깡충 뛰다 명 한 발로 뛰기
- hop a fence 담을 뛰어넘다
- She hopped on one leg. 그 소녀는 한 발로 뛰었다.

1006 imagine [imǽdʒin] 동 상상하다, 생각하다
- Just imagine! 생각 좀 해봐!
- I can't imagine who said such a thing. 누가 그런 것을 말했는지 상상할 수 없습니다.

필수단어 169

1007
☐ **allow** 　　ⓥ 허락하다, 주다

[əláu]
- ❖ allow a free hand 자유행동을 허락하다
- ❖ I allowed him to marry my daughter.
  나는 그가 내 딸과 결혼할 것을 허락했다.

1008
☐ **offer** 　　ⓥ 제공하다　ⓝ 제공

[ɔ́:fər/ǽf-]
- ❖ offer her a job 그녀에게 일자리를 제공하다
- ❖ He offered me every convenience.
  그는 나에게 온갖 편의를 제공해 주었다.

1009
☐ **gain** 　　ⓥ 얻다, 벌다　ⓝ 이익, 증진

[gein]
- ❖ gain a victory 승리를 거두다
- ❖ A penny saved is a penny gained.
  한 푼을 아끼면 한 푼을 번다.

1010
☐ **obey** 　　ⓥ 복종하다

[oubéi / əbéi]
- ❖ obey order 명령을 좇다
- ❖ You should obey your parents.
  사람은 누구나 부모에게 복종해야 한다.

1011
☐ **steal** 　　ⓥ 훔치다, 도둑질하다

[sti:l]
- ❖ pick and steal 슬쩍 훔치다
- ❖ They will steal money from the safe.
  그들은 금고에서 돈을 훔칠 것이다.

1012
☐ **dig** 　　ⓥ 파다(⟷ bury 묻다), 캐다　ⓟ dig-dug-dug

[dig]
- ❖ dig a well 우물을 파다
- ❖ It's a scout's job to dig for hidden talent
  among ordinary people.
  숨은 인재를 발굴하는 것이 스카우트 일이다.

1013
☐ **choose** 　　ⓥ 고르다, 선택하다

[tʃu:z]
- ❖ choose good books 양서를 고르다
- ❖ They chose him for their leader.
  그들은 그를 지도자로 선출했다.

1014

□ **receive** 〔동〕 받다(비 accept), 수령하다

[risíːv]
- ❖ receive attention 주목 받다
- ❖ We were warmly received there.
  우리들은 그곳에서 따뜻한 환영을 받았다.

1015

□ **bet** 〔동〕 (돈 등을) 내기하다 〔명〕 내기

[bet]
- ❖ lay a bet 돈을 걸다
- ❖ He bet two pounds on the horse.
  그는 그 말에 2파운드를 걸었다.

1016

□ **hurt** 〔동〕 상처를 입히다 〔활〕 hurt-hurt-hurt
〔명〕 상처, 고통

[həːrt]
- ❖ a slight hurt 경상
- ❖ His arm was hurt by the fall.
  그는 떨어져서 팔을 다쳤습니다.

1017

□ **burn** 〔동〕 불타다, 불태우다 〔명〕 화상

[bəːrn]
- ❖ be burned in a fire 화재로 타버리다
- ❖ She burned with curiosity.
  그녀는 호기심에 불탔다.

1018

□ **sink** 〔동〕 가라앉다, 침몰시키다

[siŋk]
- ❖ sink into sleep 잠에 빠지다
- ❖ The ship is sinking.
  배가 가라앉고 있다.

1019

□ **decide** 〔동〕 결정하다, 결심하다

[disáid]
- ❖ decide one's attitude 거취를 결정하다
- ❖ They decided to get married.
  그들은 결혼하기로 결심했다.

Tip

decide 어원 de(떼다)+cide(자르다) **참고** decide a question 문제
를 해결하다 **유의어** make a decision 결정하다

Part Ⅱ 40일 Point up

1020
□ beg [동] 구걸하다, 청하다([비] ask)

[beg]

❖ beg for food 음식을 구걸하다
❖ If I were you, I wouldn't beg for food.
내가 너라면, 음식을 구걸하진 않을 텐데.

1021
□ reply [동] 대답하다 [명] 대답

[riplái]

❖ reply to a letter 편지에 답장을 쓰다
❖ Please reply to her question.
그녀의 질문에 대답하세요.

1022
□ flow [동] 흐르다, 넘쳐흐르다

[flou]

❖ flow away 흘러가다
❖ Water always flows downward.
물은 항상 낮은 곳으로 흐른다.

1023
□ remember [동] 생각해내다, 기억하다([반] forget 잊다)

[rimémbə*r*]

❖ remember correctly 올바로 기억하다
❖ I suddenly remembered my homework.
나는 갑자기 숙제가 생각났다.

1024
□ appear [동] 나타나다([반] disappear 사라지다), ~인 것 같다

[əpíə*r*]

❖ appear on the horizon
수평선에 나타나다
❖ A rainbow appeared before us.
무지개가 우리들 앞에 나타났다.

1025
□ breathe [동] 숨쉬다, 호흡하다

[bri:ð]

❖ breathe hard 숨이 가쁘다

❖ He soon ceased to breathe.
그는 곧 숨을 거두었다.

1026
□ whistle [동] 휘파람을 불다 [명] 휘파람
[hwísl]
❖ blow a whistle 휘파람을 불다
❖ The dog came to my whistle.
내 휘파람 소리에 개는 달려왔다.

1027
□ draw [동] 끌다, 당기다, 그리다
[활] draw–drew–drawn
[drɔː]
❖ draw water 물을 긷다
❖ He does all those weird things to draw her attention.
그는 그녀의 관심을 끌려고 별 이상한 짓을 한다.

1028
□ save [동] 구하다, 저축하다
[seiv]
❖ save money 저축하다
❖ It'll save time. 그러면 시간이 절약될 거예요.

1029
□ continue [동] 계속하다, 계속되다
[kəntínjuː]
❖ continue smiling 계속 미소짓다
❖ The rain continued all day.
비는 온종일 계속해서 내렸다.

1030
□ wake [동] 깨다, 깨우다 [활] wake–woke–woken
[weik]
❖ during one's waking hours
깨어있을 때에
❖ Please wake me up at six tomorrow morning. 내일 아침 6시에 저를 깨워 주십시오.

1031
□ agree [동] 일치하다, 동의하다, 찬성하다
[əgríː]
❖ agree in principle 원칙적으로 동의하다
❖ We all agreed about the matter.
그 일에 대하여 우리 모두 의견이 일치하였다.

1032
□ hang [동] 걸다, 매달다 [활] hang-hung-hung

[hæŋ]

❖ hang out a flag 기를 걸다
❖ The pictures were hanging on the wall.
그림이 벽에 걸려 있었다.

1033
□ record [동] 기록하다 [명] 기록

[rékərd / -kɔ:rd]

❖ put on record 기록에 실리다
❖ No one is beyond her record.
그녀의 기록을 깰 만한 사람이 없다.

1034
□ climb [동] 오르다, 기어오르다

[klaim]

❖ climbing prices 상승하는 물가
❖ The car slowly climbed the hill.
그 차는 천천히 언덕을 올라갔다.

1035
□ add [동] 더하다, 보태다

[æd]

❖ add to one's knowledge 지식을 보태다
❖ Add four and six and you get ten.
4에 6을 더하면 10이 돼요.

1036
□ shine [동] 빛나다, 번쩍이다 [명] 빛, 광택

[ʃain]

❖ shine as a teacher 교사로서 빛나다
❖ The sun is shining bright.
해가 밝게 빛나고 있습니다.

1037
□ invite [동] 초청하다, 초대하다, ~에게 권유하다(to do)

[inváit]

❖ be invited out 초대되어 가다
❖ We invited her to have dinner with us.
우리는 그녀에게 만찬을 함께 하자고 초대했다.

1038
□ join [동] 결합하다, 참가하다

[dʒɔin]

❖ join forces 힘을 합치다
❖ Come and join in the festivities.
축제에 참가하러 오십시오.

1039
□ hide [동] 감추다, 숨다 [활] hide-hid-hidden

[haid]

❖ hide in one's pocket 호주머니에 감추다
❖ He hid behind a big tree.
그는 큰 나무 뒤에 숨었다.

1040
□ bring [동] 가져오다, 데려오다

[briŋ]

❖ Bring back 되돌리다
❖ Bring your children to the picnic.
아이를 소풍에 데려오시오.

1041
□ cherish [동] 소중히 하다, 마음에 품다

[tʃériʃ]

❖ cherish tradition 전통을 소중히 하다
❖ He will cherish the memory of this visit to Seoul. 그는 이번 서울 방문의 기억을 소중히 간직할 것이다.

1042
□ wink [동] 눈을 깜박이다 [명] 눈짓

[wiŋk]

❖ with a knowing wink 알았다는 듯이 눈짓하여
❖ She winked away her tears.
그녀는 눈을 깜박거려 눈물을 감췄다.

1043
□ shoot [동] 쏘다, 발사하다 [명] 사격

[ʃuːt]

❖ shoot the enemy 적을 쏘다
❖ The officer commanded his men to shoot.
장교는 부하들에게 발사하라고 명령했다.

1044
□ roll [동] 굴리다, 감다 [명] 두루마리

[roul]

❖ roll in the bed 침대에서 뒹굴다
❖ The ball rolled into the pond.
공이 연못 속으로 굴러 떨어졌다.

1045
□ pull [동] 잡아당기다당기다([반] push 밀다), 끌다 ([비] draw)

[pul]

❖ pull at a rope 밧줄을 잡아당기다
❖ Tony pulls the wagon. 토니가 수레를 끕니다.

786 ☐ **owl** 명 올빼미

787 ☐ **hunter** 명 사냥꾼

788 ☐ **lake** 명 호수, 연못

789 ☐ **pumpkin** 명 호박

790 ☐ **handshake** 명 악수

791 ☐ **bike** 명 자전거

792 ☐ **beach** 명 해변, 바닷가

793 ☐ **god** 명 신, 하느님

794 ☐ **cough** 명 기침

795 ☐ **shell** 명 조가비, 껍질

796 ☐ **business** 명 사업, 일

797 ☐ **restaurant** 명 레스토랑

798 ☐ **sheep** 명 양, 면양

799 ☐ **officer** 명 공무원, 장교

800 ☐ **hometown** 명 고향

801 ☐ **coil** 명 코일, 감긴 것

802 ☐ **ceiling** 명 천장

803 ☐ **turkey** 명 칠면조

804 ☐ **towel** 명 수건, 타월

805 ☐ **matter** 명 일, 문제

806 ☐ **chopstick** 명 젓가락

807 ☐ **seat** 명 자리, 좌석

808 ☐ **board** 명 판자

809 ☐ **goal** 명 목표, 골

810 ☐ **drugstore** 명 약국

811 ☐ **rat** 명 쥐, 들쥐

812 ☐ **butterfly** 명 나비

813 ☐ **flute** 명 플룻, 피리

814 ☐ **couple** 명 한 쌍, 커플

815 ☐ **beer** 명 맥주

816 ☐ **background** 명 배경

817 ☐ **bottle** 명 병, 술병

818 ☐ **body** 명 몸, 육체, 몸통

819 ☐ **group** 명 그룹, 무리

820 ☐ **village** 명 마을, 촌락

821 ☐ **beef** 명 쇠고기

822 ☐ **load** 명 짐, 부담

823 ☐ **coin** 명 동전, 주화

824 ☐ **bookstore** 명 서점

825 ☐ **knowledge** 명 지식

826 ☐ **label** 명 꼬리표, 딱지

827 ☐ **port** 명 항구, 항구마을

828 ☐ **quarter** 명 4분의 1

829 ☐ **sunrise** 명 해돋이

830 ☐ **sunshine** 명 햇빛, 양지

831 ☐ **wedding** 명 결혼식

832 ☐ **crown** 명 왕관

833 ☐ **stick** 명 막대기

834 ☐ **seed** 명 씨

835 ☐ **pole** 명 극, 극지

836 ☐ **coal** 명 석탄

837 ☐ **comb** 명 빗

838 ☐ **dream** 명 꿈, 이상

839 ☐ **drink** 명 음료

840 ☐ **sugar** 명 설탕

841 ☐ **mile** 명 마일(약 1,609미터)

842 ☐ **flashlight** 명 플래시,

843 ☐ **vegetable** 명 야채

844 ☐ **mouse** 명 생쥐

845 ☐ **wood** 명 나무, 숲

846 ☐ **war** 명 전쟁

847 ☐ **ground** 명 땅, 운동장

848 ☐ **belt** 명 벨트, 띠

849 ☐ **copy** 명 사본, 복사

850 ☐ **tourist** 명 여행자, 관광객

851 ☐ **airport** 명 공항, 비행장

852 ☐ **passport** 명 여권

853 ☐ **plate** 명 접시

854 ☐ **stone** 명 돌, 석재

855 ☐ **downtown** 명 도심지

856 ☐ **cousin** 명 사촌

857 ☐ **tooth** 명 이(빨)

858 ☐ **potato** 명 감자

859 ☐ **blanket** 명 모포, 담요

860 ☐ **creek** 명 시냇물, 샛강

861 ☐ **nail** 명 손톱, 발톱

862 ☐ **letter** 명 편지, 문자

863 ☐ **date** 명 날짜, 데이트

864 ☐ **store** 명 가게, 상점, 저장

865 ☐ **supper** 명 저녁식사

866 ☐ **beggar** 명 거지

867 ☐ **bedside** 명 침대 곁

868 ☐ **deer** 명 사슴

869 ☐ **bill** 명 계산서, 청구서

870 ☐ **doll** 명 인형

871 ☐ **pepper** 명 후추

872 ☐ **frog** 명 개구리

873 ☐ **tower** 명 탑, 망루

874 ☐ **bridge** 명 다리, 교량

875 ☐ **disease** 명 병 질환

876 ☐ **pain** 명 아픔, 고통, 수고

877 ☐ **cloth** 명 천, 직물

878 ☐ **post** 명 우편, 우편물

879 ☐ **medicine** 명 약

880 ☐ **snake** 명 뱀

881 ☐ **job** 명 직업, 일

882 ☐ **town** 명 도시, 읍

883 ☐ **fun** 명 놀이, 재미

884 ☐ **bathroom** 명 욕실

885 ☐ **tail** 명 꼬리, 끝, 뒷면

886 ☐ **mayor** 명 시장(市長)

887 ☐ **piece** 명 조각, 하나

888 ☐ **fruit** 명 과일, 산물

889 ☐ **British** 명 영국인

890 ☐ **French** 명 프랑스 사람

891 ☐ **German** 명 독일사람

892 ☐ **sale** 명 판매, 염가 판매

893 ☐ **rope** 명 새끼, 밧줄, 끈

894 ☐ **umbrella** 명 우산, 양산

895 ☐ **dollar** 명 달러

896 ☐ **birth** 명 출생, 태생

897 ☐ **pilot** 명 조종사, 안내인

898 ☐ **front** 명 앞, 정면

899 ☐ **present** 명 현재

900 ☐ **nickname** 명 별명, 애칭

901 ☐ **telephone** 명 전화

902 ☐ **pair** 명 한 쌍

903 ☐ **weather** 명 날씨, 기후

904 ☐ **dish** 명 큰 접시, 요리

905 ☐ **hole** 명 구멍, 구덩이

906 ☐ **plane** 명 비행기

907 ☐ **livingroom** 명 거실

908 ☐ **gun** 명 대포, 총

909 ☐ **meat** 명 고기, 육류

910 ☐ **grass** 명 풀, 초원, 잔디

911 ☐ **word** 명 낱말, 단어

912 ☐ **uncle** 명 삼촌, 아저씨

913 ☐ **balloon** 명 기구, 풍선

914 ☐ **stamp** 명 우표

915 ☐ **vote** 명 투표, 투표권

916 ☐ **alarm** 명 놀람, 경보

917 ☐ **consumer** 명 소비자

918 □ **demand** 명 요구
919 □ **doubt** 명 의심, 의혹
920 □ **tear** 명 눈물
921 □ **country** 명 나라, 국토
922 □ **artist** 명 예술가, 화가
923 □ **sound** 명 소리, 음
924 □ **check** 명 점검
925 □ **sail** 명 돛, 돛단배
926 □ **condition** 명 상태
927 □ **drop** 명 물방울
928 □ **gym** 명 체육관
929 □ **border** 명 가장자리
930 □ **fear** 명 무서움, 근심
931 □ **need** 명 필요
932 □ **bedroom** 명 침실
933 □ **pitch** 명 던지기
934 □ **conversation** 명 대화
935 □ **classmate** 명 동급생
936 □ **response** 명 응답, 반응
937 □ **travel** 명 여행
938 □ **pressure** 명 압박
939 □ **smoke** 명 연기
940 □ **paint** 명 페인트
941 □ **hand** 명 손, 일손
942 □ **fool** 명 바보
943 □ **industry** 명 산업, 근로
944 □ **apartment** 명 아파트
945 □ **distance** 명 거리, 간격
946 □ **success** 명 성공
947 □ **opposite** 명 정반대
948 □ **crowd** 명 군중
949 □ **brown** 명 갈색
950 □ **contact** 명 접촉
951 □ **environment** 명 환경
952 □ **motion** 명 운동, 동작
953 □ **first** 명 제1, 첫 번째
954 □ **instance** 명 사례, 예증
955 □ **law** 명 법률, 법칙, 규칙
956 □ **notice** 명 통지, 주의
957 □ **movement** 명 움직임
958 □ **share** 명 몫, 할당
959 □ **outside** 명 바깥쪽
960 □ **inside** 명 안쪽
961 □ **height** 명 높이, 신장

962 □ **secret** 명 비밀
963 □ **member** 명 (단체의) 일원
964 □ **emergency** 명 비상시
965 □ **form** 명 모양, 형식
966 □ **end** 명 끝, 최후
967 □ **friend** 명 벗, 친구
968 □ **son** 명 아들
969 □ **animal** 명 동물, 짐승
970 □ **game** 명 경기, 시합, 게임
971 □ **lately** 분 최근, 요즘
972 □ **line** 명 선, 열, 줄
973 □ **mark** 명 표적, 기호
974 □ **peace** 명 평화
975 □ **aunt** 명 아주머니, 숙모
976 □ **entrance** 명 입구, 입학
977 □ **freedom** 명 자유, 해방
978 □ **incident** 명 사건, 일
979 □ **lack** 명 부족, 결핍
980 □ **poison** 명 독(약)
981 □ **responsibility** 명 책임
982 □ **sort** 명 종류, 성질
983 □ **sunset** 명 해넘이
984 □ **victory** 명 승리, 전승
985 □ **ox** 명 황소
986 □ **guide** 명 안내자
987 □ **rest** 동 휴식하다
988 □ **cure** 동 치료하다
989 □ **mistake** 동 틀리다
990 □ **cover** 동 덮다
991 □ **watch** 동 지켜보다
992 □ **explain** 동 설명하다
993 □ **wear** 동 입다
994 □ **amuse** 동 즐겁게 하다
995 □ **suppose** 동 상상하다
996 □ **leap** 동 뛰어오르다
997 □ **bury** 동 (땅에) 파묻다
998 □ **engage** 동 고용하다
999 □ **sow** 동 씨를 뿌리다
1000 □ **lift** 동 들어올리다
1001 □ **bow** 동 절하다 명 절
1002 □ **rub** 동 문지르다
1003 □ **bite** 동 물다, 물어뜯다
1004 □ **buy** 동 사다, 구입하다
1005 □ **hop** 동 뛰다, 깡충 뛰다

1006 □ **imagine** 동 상상하다
1007 □ **allow** 동 허락하다
1008 □ **offer** 동 제공하다
1009 □ **gain** 동 얻다, 벌다
1010 □ **obey** 동 복종하다
1011 □ **steal** 동 훔치다
1012 □ **dig** 동 파다
1013 □ **choose** 동 고르다
1014 □ **receive** 동 받다
1015 □ **bet** 동 (돈 등을) 내기하다
1016 □ **hurt** 동 상처를 입히다
1017 □ **burn** 동 불타다
1018 □ **sink** 동 가라앉다
1019 □ **decide** 동 결정하다
1020 □ **beg** 동 구걸하다
1021 □ **reply** 동 대답하다
1022 □ **flow** 동 흐르다
1023 □ **remember** 동 생각해내다
1024 □ **appear** 동 나타나다
1025 □ **breathe** 동 숨쉬다
1026 □ **whistle** 동 휘파람을 불다
1027 □ **draw** 동 끌다, 당기다
1028 □ **save** 동 구하다
1029 □ **continue** 동 계속하다
1030 □ **wake** 동 깨다
1031 □ **agree** 동 일치하다
1032 □ **hang** 동 걸다
1033 □ **record** 동 기록하다
1034 □ **climb** 동 오르다
1035 □ **add** 동 더하다, 보태다
1036 □ **shine** 동 빛나다
1037 □ **invite** 동 초청하다
1038 □ **join** 동 결합하다
1039 □ **hide** 동 감추다
1040 □ **bring** 동 가져오다
1041 □ **cherish** 동 소중히 하다
1042 □ **wink** 동 눈을 깜박이다
1043 □ **shoot** 동 쏘다
1044 □ **roll** 동 굴리다, 감다
1045 □ **pull** 동 잡아당기다 당기다

1046

□ **push** ⓢ 밀다 ⓜ 밀기

[puʃ]
* push a baby carriage 유모차를 밀다
* Don't push at the back.
  뒤에서 밀지 마세요.

1047

□ **guess** ⓢ 추측하다, 생각하다 ⓜ 추측

[ges]
* at a guess 어림짐작으로
* It's only my guess.
  그것은 단지 내 추측일 뿐이다.

1048

□ **belong** ⓢ ~에 속하다, ~의 것이다

[bilɔ́ːŋ/-láŋ]
* belong to a faction 당파에 속하다
* We both belong to one team.
  우리 둘은 같은 팀에 소속되어 있다.

1049

□ **happen** ⓢ (우연히) 일어나다, 발생하다

[hǽpən]
* happen in 우연히 들르다
* A lot of new things happened to him.
  많은 새로운 일들이 그에게 일어났다.

1050

□ **pick** ⓢ 고르다, 줍다

[pik]
* pick up a channel 채널을 고르다
* The boys pick up a purse in the street.
  그 소년은 거리에서 지갑을 주웠다.

1051

□ **shake** ⓢ 떨다, 흔들다 ⓐ shake-shook-shaken

[ʃeik]
* shake oneself 몸을 덜덜 떨다
* His voice was shaking with anger.
  그의 목소리는 분노로 떨리고 있었다.

1052
□ fill [동] 가득 차다, 넘치다, 채우다

[fil]

❖ fill a glass with water 컵에 물을 채우다
❖ Mother's eyes filled with tears.
어머니의 눈에는 눈물이 가득했다.

1053
□ fail [동] 실패하다, 낙방하다

[feil]

❖ fail utterly 완전히 실패하다
❖ You will fail unless you work hard.
열심히 공부하지 않으면 너는 실패할 것이다.

1054
□ fight [동] 싸우다 [활] fight-fought-fought [명] 싸움

[fait]

❖ a street fight 시가전
❖ We are determined to fight to the last.
우리들은 최후까지 싸울 것을 마음먹었다.

1055
□ carry [동] 나르다, 운반하다

[kǽri]

❖ carry in a car 차로 나르다
❖ I carried my basket in my hand.
나는 바구니를 손에 들고 갔다.

1056
□ dive [동] 다이빙하다, 잠수하다

[daiv]

❖ a high dive (수영의) 하이 다이빙
❖ He did not dare to dive.
그는 감히 물에 뛰어들지 못했다.

1057
□ win [동] 이기다, 얻다 [활] win-won-won

[win]

❖ win a gold medal 금메달을 획득하다
❖ We won the game two to one.
우리가 2 : 1로 그 경기에 이겼습니다.

1058
□ ride [동] 타다 [명] 승차

[raid]

❖ ride behind 뒤에 타다
❖ I shall ride on a train. 나는 기차를 탈 것입니다.

1059
□ **turn**   통 돌리다, 변화하다   명 회전

[təːrn]
❖ The earth turns round the sun.
지구는 태양의 주위를 돈다.
❖ Turn right at the first corner.
첫 번째 코너에서 오른쪽으로 시오.

1060
□ **build**   통 짓다, 건축하다   활 build-built-built

[bild]
❖ He built a house. 그는 집을 지었다.
❖ The house is built of wood.
그 집은 목조이다.

1061
□ **hurry**   통 서두르다, 재촉하다   명 서두름

[hə́ːri/hʌ́ri]
❖ Hurry up! 서두르세요!
❖ It's no use hurrying him.
그 사람은 재촉해도 소용없다.

1062
□ **return**   통 되돌아가다, 돌려주다   명 귀국

[ritə́ːrn]
❖ return to New York 뉴욕으로 돌아가다
❖ She returned his pen.
그녀는 그의 펜을 돌려주었다.

1063
□ **believe**   통 믿다, ~라고 생각하다

[bilíːv/bə-]
❖ I believe that he is honest.
나는 그가 정직하다고 생각한다.
❖ People believe what they want to believe.
사람들은 자신이 믿고 싶은 것을 믿는다.

1064
□ **surprise**   통 놀라다   명 놀람, 뜻밖의 일

[sərpráiz]
❖ in surprise 놀라서
❖ Tom is going to surprise Jim.
탐은 짐을 놀래주려 하고 있다.

1065
□ **gather**   통 모으다(비 collect), 더하다

[gǽðər]
❖ gather information 정보를 모으다

❖ Gather plastics and paper bags.
플라스틱 제품이나 종이 봉지를 모아라.

1066

□ **know**

[nou]

동 알다, 분별하다 활 know-knew-known

❖ Know yourself. 너 자신을 알라.
❖ You must know yourself.
사람은 자기 자신을 알아야 한다.

1067

□ **throw**

[θrou]

동 던지다, 내던지다

활 throw-threw-thrown 명 던지기

❖ a straight throw 직구
❖ The girl is about to throw the ball.
소녀가 막 공을 던지려 하고 있다.

1068

□ **let**

[let]

동 시키다, 빌리다, 세놓다 활 let-let-let

❖ a house to let 셋집
❖ He will never let you down.
그가 너를 실망시키는 일은 없을 것이다.

1069

□ **raise**

[reiz]

동 올리다, 일으키다

❖ raise a curtain 막을 올리다
❖ He is raising his feet.
그는 양쪽 발을 들어 올리고 있다.

1070

□ **count**

[kaunt]

동 세다, 계산하다 명 계산

❖ out of count 셀 수 없는
❖ He is counting the chickens.
그는 병아리를 세고 있다.

1071

□ **smell**

[smel]

동 냄새 맡다 명 냄새

❖ smell good 좋은 냄새가 나다
❖ The garden smells of lilacs.
뜰에는 라일락꽃 향기가 풍긴다.

1072

□ **spend**

동 쓰다, 소비하다, (시간을) 보내다
활 spend-spent-spent

[spend]

❖ spend money 돈을 쓰다
❖ He spends many hours outdoors.
그는 실외에서 여러 시간을 보냅니다.

1073

□ **blow**

동 불다, 숨을 내쉬다 활 blow-blew-blown

[blou]

❖ blow on 입김을 불다
❖ It is blowing hard. 바람이 세게 불고 있다.

1074

□ **miss**

동 놓치다, 그리워하다

[mis]

❖ miss a catch 공을 놓치다
❖ I miss her so badly.
나는 그녀가 몹시 보고 싶다.

1075

□ **excuse**

동 용서하다, 변명을 대다   명 변명

[ikskjúːz]

❖ excuse a fault 실수를 용서하다
❖ Her excuse was not reasonable.
그녀의 변명은 이치에 맞지 않았다.

1076

□ **hit**

동 치다   활 hit-hit-hit   명 타격

[hit]

❖ hit the mark 표적을 맞히다
❖ He hit his head against the desk.
그는 책상에 머리를 부딪쳤다.

1077

□ **tie**

동 매다, 묶이다   명 넥타이

[tai]

❖ be tied hand and foot 손발이 묶이다
❖ She tied her shoes.
그 여자는 구두끈을 맸다.

1078

□ **touch** ⓢ 대다, 감동시키다 ⓜ 접촉

[tʌtʃ]
* the sense of touch 촉각
* I told you not to touch my things!
  내 물건에 손대지 말라고 말했잖아!

1079

□ **stay** ⓢ 머무르다, 체류하다 ⓜ 체류

[stei]
* stay long 오래 머무르다
* She is staying at a hotel.
  그 여자는 호텔에 머물고 있다.

1080

□ **enjoy** ⓢ 즐기다, 누리다

[endʒɔ́i]
* enjoy life 인생을 즐기다
* She enjoys playing tennis.
  그녀는 테니스 치기를 즐긴다.

1081

□ **lose** ⓢ 잃다, 지다

[lu:z]
* a lost child 길 잃은 아이
* I lost my way in the woods.
  나는 숲 속에서 길을 잃었다.

1082

□ **close** ⓢ 닫다, 끝나다 ⓜ 끝

[klouz]
* close the window 창문을 닫다
* Does the bank close on Sunday?
  은행은 일요일에 문을 닫나요?

1083

□ **arrive** ⓢ (at ~)~에 도착하다(ⓑ depart 출발하다)

[əráiv]
* arrive at the foot of the mountain
  산기슭에 닿다
* They have just arrived. 이제 막 도착했다.
* The time has arrived for me to leave.
  내가 떠날 시간이 왔다.

1084

□ **reach** ⓢ 도착하다(ⓑ arrive), 닿다

[ri:tʃ]
* reach old age 노령에 달하다
* The train reached Seoul Station at noon.
  기차는 정오에 서울역에 닿았습니다.

1085
□ **hold**   동 쥐다, 개최하다   활 hold-held-held

[hould]
- ❖ hold a meeting 회의를 열다
- ❖ He held me by the arm.
  그는 내 팔을 붙잡았다.

1086
□ **worry**   동 걱정하다, 괴롭히다   명 걱정, 근심

[wə́:ri/wʌ́ri]
- ❖ worry oneself 마음을 괴롭히다
- ❖ Don't worry about such a thing.
  그런 일을 가지고 걱정하지 말아라.

1087
□ **marry**   동 결혼하다

[mǽri]
- ❖ marry for love 연애 결혼하다
- ❖ She married an American.
  그 여자는 미국 사람과 결혼하였다.

1088
□ **expect**   동 예상하다, 기대하다   형 기대하고 있는

[ikspékt]
- ❖ as was expected 예기한 대로
- ❖ We expect rain tomorrow.
  내일 비가 오리라고 예상한다.

1089
□ **understand**   동 이해하다, 알다

[ʌ̀ndərstǽnd]
- ❖ understand English 영어를 이해하다
- ❖ Can you understand me?
  내 말을 알아듣겠습니까?

1090
□ **relax**   동 긴장을 풀다(비 rest), 늦추다

[rilǽks]
- ❖ relax into sleep 긴장이 풀려 잠들다
- ❖ You can tell everyone to relax.
  모두들 긴장 풀고 전해줘.

1091
□ **become**   동 ~이[가] 되다, ~에 어울리다
                 활 become-became-become

[bikʌ́m]
- ❖ become due 기한이 되다
- ❖ He has become a scientist.
  그는 과학자가 되었다.

1092
□ break [동] 어기다, 부수다, 깨뜨리다
[활] break-broke-broken

[breik]
❖ break to pieces 조각조각 부서지다
❖ Who broke the window?
누가 그 창문을 깼습니까?

1093
□ require [동] 구하다 [명] 구조

[rikwáiər]
❖ require care 주의를 요하다
❖ What style house do you require?
당신은 어떤 양식의 집을 구하십니까?

1094
□ lend [동] 빌려주다([반] borrow 빌리다), 제공하다
[활] lend-lent-lent

[lend]
❖ lend small sums 적은 돈을 빌리다
❖ Will you lend me your knife?
나에게 당신의 칼을 빌려주지 않겠습니까?

1095
□ shut [동] 감다, 닫다([비] close), 접다

[ʃʌt]
❖ Shut your book. 책을 덮으시오.
❖ The window shuts easily.
그 창문은 쉽게 닫힌다.

1096
□ sleep [동] 잠자다([반] wake 깨다) [명] 잠, 수면

[sli:p]
❖ sleep late 늦잠 자다
❖ Did you sleep well last night?
어젯밤에 푹 잤습니까?

1097
□ endure [동] 참다, 견디다 [명] 지구력 인내

[endjúər]
❖ endure toothache 치통을 참다
❖ I could hardly endure the pain.
그 통증은 정말 참기 힘들었다.

Tip
expect **어원** ex(밖을)+spect(보다) **참고** expect a baby 임신중이다
유의어 look forward to ~을 기대하다, 고대하다

1098
□ **lay**
[lei]

동 눕히다, 놓다

❖ lay a trap 올가미를 놓다
❖ The dog lay panting.
개는 헐떡거리며 누워 있었다.

1099
□ **grow**
[grou]

동 성장하다, 기르다, ~이 되다
활 grow-grew-grown

❖ grow rich 부자가 되다
❖ Rice grows in warm countries.
쌀은 따뜻한 지방에서 자란다.

1100
□ **lead**
[li:d]

동 인도하다(비 guide, 반 follow 따르다) 명 선도

❖ take the lead 앞장서다
❖ I'll follow your lead.
당신의 지도에 따르겠습니다.

1101
□ **pass**
[pæs / pɑ:s]

동 건네주다, 지나가다, 합격하다 명 통행, 통과

❖ pass the audition 오디션에 합격하다
❖ He passed through the crowd.
그는 군중 속을 지나갔다.

1102
□ **serve**
[sə:rv]

동 섬기다, 시중을 들다, 차려내다

❖ serve God 신을 섬기다
❖ The waiter is serving Mary.
그 웨이터는 메리의 음식 시중을 들고 있다.

1103
□ **laugh**
[læf / lɑ:f]

동 웃다, 비웃다 명 웃음, 웃음소리

❖ laugh out 깔깔 웃다
❖ Then he laughs loudly.
그리고는 그는 커다랗게 웃음을 터뜨려요.

1104
□ delay [동] 지연하다 [명] 지연

[diléi]

- without delay 지체없이
- The train was delayed by heavy snow.
  열차는 폭설로 인하여 연착했다.

1105
□ disappear [동] 사라지다([반] appear 나타나다), 소멸되다

[dìsəpíər]

- disappear into space 공중으로 사라지다
- The problem won't just disappear.
  그 문제는 그냥 없어지지 않을 것이다.

1106
□ discover [동] 발견하다, ~을 알다, 깨닫다

[diskʌ́vər]

- discover the cause 원인을 알아내다
- She discovered the problem by accident.
  그녀는 그 문제를 우연히 발견했다.

1107
□ prevent [동] 막다, 예방하다 [명] 방지 예방

[privént]

- prevent waste 낭비를 막다
- Nothing can prevent it.
  아무것도 그것을 막을 수 없다.

1108
□ impress [동] 감명을 주다, 인상을 주다

[imprés]

- impress favorably 좋은 인상을 주다
- His firmness impressed me.
  그의 굳은 결의에 감명을 받았다.

1109
□ drive [동] 운전하다, 몰다 [활] drive-drove-driven

[draiv]

- drive a taxi 택시를 몰다
- The computer will drive the car.
  컴퓨터는 차를 운전하게 될 것이다.

1110
□ leave [동] 떠나다, 출발하다, 그만두다 [명] 휴가

[liːv]

- leave behind 두고 가다
- When does the bus leave?
  버스가 언제 출발합니까?

1111
□ recover [동] 되찾다, 회복하다 [명] 회복

[rikʌ́vər]

❖ recover territory 영토를 되찾다
❖ The best way to recover from one's fatigue is to sleep well.
피로를 푸는 데는 잘 자는 것이 제일이다.

1112
□ recognize [동] 알아보다, 인정하다 [명] 인식 인지

[rékəgnàiz]

❖ recognize voice 목소리를 알아듣다
❖ I could scarcely recognize my old friend.
옛 벗을 보고도 거의 못 알아볼 정도였다.

1113
□ progress [동] 진보하다, 진행하다 [명] 진보, 진행

[prɑ́gres / próug-]

❖ in progress 진행 중
❖ The business is steadily progressing.
사업은 착착 진행되고 있다.

1114
□ rise [동] 오르다, 증가하다, 일어나다
[활] rise-rose-risen

[raiz]

❖ rise early 일찍 일어나다
❖ The sun rises in the east.
해는 동쪽에서 떠오릅니다.

1115
□ excite [동] 흥분하다, 자극하다

[iksáit]

❖ Don't get excited! 화내지 마라.
❖ He is excited.
그는 흥분해 있습니다.

1116
□ reduce [동] 줄이다, 감소하다 [명] 축소, 감소

[ridjú:s]

❖ at reduced prices 할인 가격으로
❖ We need to reduce our spending.
우리는 지출을 줄일 필요가 있다.

1117
□ divide [동] 분할하다, 분류하다, 나누어지다

[diváid]

❖ divide ownership 분할 소유

❖ The students divided into small groups.
학생들은 작은 그룹으로 나뉘었다.

1118
□ **repair**
[ripέər]

동 수선하다, 수리하다　명 수선 수리

❖ repair a house 집을 개축하다
❖ The shop will be closed during repairs.
가게는 수리 중에는 휴점합니다.

1119
□ **fix**
[fiks]

동 고치다(비 repair), 고정시키다

❖ fix the limit 한도를 정하다
❖ He took the computer apart to fix it.
그는 컴퓨터를 고치려고 분해했다.

1120
□ **exist**
[igzíst]

동 존재하다, 생존하다　명 생존, 실존

❖ cease to exist 소멸하다
❖ Do you believe God exists?
당신은 신이 존재한다고 믿습니까?

1121
□ **tame**
[teim]

동 길들이다　형 길든(반 wild 야생의), 유순한

❖ tame an animal 짐승을 길들이다
❖ This puppy is quite tame with me.
이 개는 잘 길들어 있다.

1122
□ **rush**
[rʌʃ]

동 돌진하다, 달려들다　명 돌진

❖ rush for the door 문을 향해 돌진하다
❖ The dog rushed upon the child.
개가 그 어린이에게 갑자기 달려들었다.

1123
□ **find**
[faind]

동 찾아내다, 발견하다　활 find-found-found

❖ find up 찾아내다
❖ Did you find your wallet? 지갑 찾았어요?

Part Ⅱ

44일 Point up

1124
□ mix [동] 섞다, 혼합하다

[miks]

❖ mix colors 그림물감을 섞다
❖ Oil and water do not mix.
물과 기름은 섞이지 않는다.

1125
□ chat [동] 잡담하다 [명] 잡담

[tʃæt]

❖ chat with a friend 친구와 잡담하다
❖ Let's chat over a cup of tea.
차라도 마시며 이야기하세.

1126
□ distinguish [동] 구별하다

[distíŋgwiʃ]

❖ distinguish between good and evil
선악을 구별하다
❖ Speech distinguishes man from animals.
말을 함으로써 인간은 동물과 구별된다.

1127
□ suggest [동] 제안하다, 암시하다

[səgdʒést / sədʒést]

❖ suggest a swim 수영을 권하다
❖ Father suggested going on a picnic.
아버지는 피크닉을 가면 어떻겠느냐고 제안하셨다.

1128
□ pour [동] 따르다, 쏟다, 붓다

[pɔːr]

❖ pour out tea 차를 따르다
❖ The crowds pour forth from the train.
열차에서 군중이 쏟아져 나온다.

1129
□ spread [동] 펴다, 바르다 [동] 퍼지다

[spred]

❖ spread a map 지도를 펴다
❖ She spread the table with a cloth.
그녀는 식탁에 식탁보를 폈다.

1130
□ deliver [동] 전달하다, 배달하다

[dilívər]

❖ deliver a message 전갈을 전하다

❖ Can we deliver in time?
시간에 맞춰 배달할 수 있을까요?

1131
□ like [동]좋아하다, ~같이, ~처럼

[laik]

❖ swim like a fish 물고기처럼 헤엄치다

❖ On Sundays I like to sleep late.
일요일에는 나는 늦잠을 자기를 좋아한다.

1132
□ ask [동] 묻다, 물어보다

[æsk / ɑːsk]

❖ ask the price 값을 묻다

❖ The price was not asked.
아무도 값을 묻는 사람이 없었다.

1133
□ stop [동] 멈추다, 그만두다 [명] 정지, 정류장

[stɑp / stɔp]

❖ stop a car 차를 멈추다

❖ He stopped talking.
그는 이야기를 중단했다.

1134
□ fall [동] 떨어지다 [활] fall-fell-fallen [명] 가을, 폭포

[fɔːl]

❖ fall goods 가을용품

❖ It is windy in the fall.
가을에는 바람이 많이 분다.

1135
□ act [동] 행동하다, 하다 [명] 소행, 행위

[ækt]

❖ a cruel act 참혹한 행위

❖ Animals act on instinct.
동물은 본능에 따라서 행동한다.

1136
□ acquire [동] ~을 얻다, 배우다, 익히다

[əkwáiər]

❖ acquire popularity 인기를 얻다

❖ He acquired a good reputation.
그는 명성을 얻었다.

☐ **advance**   동 나아가다, 진보하다   명 전진

[ədvǽns/-vá:ns]
- advance **in the face of death**
  결사적 각오로 나아가다
- **They could neither** advance **nor retreat.**
  그들은 전진도 후퇴도 할 수 없었다.

☐ **aim**   동 ～을 향하게 하다, 겨누다

[eim]
- aim **at a mark** 과녁을 겨누다
- **He** aimed **at the tree with his arrow.**
  그는 나무를 향해 화살을 겨누었다.

☐ **annoy**   동 괴롭히다, 화나게 하다

[ənɔ́i]
- **be** annoyed 골머리를 앓다
- **Is this man** annoying **you?**
  이 사람이 너를 괴롭히니?

☐ **awake**   동 깨우다, 일깨우다   형 깨어있는

[əwéik]
- awake **from sleep** 잠에서 깨어나다
- **He is wide** awake.
  그는 잠이 완전히 깼다.

☐ **depart**   동 출발하다, 떠나다

[dipá:rt]
- depart **from Korea** 한국을 떠나다
- **When will the flight** depart?
  비행기는 언제 출발할 것인가?

☐ **dislike**   동 싫어하다   명 싫어함, 혐오

[disláik]
- **have a** dislike **to[of, for]** …을 싫어하다
- **Which animal do you** dislike **the most?**
  네가 가장 싫어하는 동물은 어떤 동물이니?

☐ **employ**   동 쓰다, 고용하다, ～에 종사하다

[emplɔ́i]
- employ **as a clerk** 서기로 채용하다
- **Our company only** employs **professionals.**
  우리 회사는 전문 인력만 고용한다.

1144
☐ **export** 　동 수출하다 　명 수출, 수출품

[ikspɔ́ːrt]
- ❖ export cars to foreign countries
  자동차를 외국에 수출하다
- ❖ Our exports are increasing.
  우리나라의 수출은 증가하고 있다.

1145
☐ **scatter** 　동 흩뿌리다, 흩어지게 하다

[skǽtər]
- ❖ rice is scattered 쌀이 흐트러지다
- ❖ Blossoms are scattered in the wind.
  꽃이 바람에 흩어지다.

1146
☐ **substitute** 　동 대체[대용]하다 　명 대리인, 대용품

[sʌ́bstitjùːt]
- ❖ substitute food 대용식
- ❖ Plastic can be used as a substitute for rubber.
  플라스틱은 고무의 대용품으로 쓸 수 있다.

1147
☐ **main** 　형 주요한, 주된

[mein]
- ❖ a main event 본시합
- ❖ The main dish is a steak.
  주요리는 스테이크이다.

1148
☐ **wild** 　형 야생의, 난폭한(반 mild 온순한)

[waild]
- ❖ wild weather 거친 날씨
- ❖ We should protect wild animals.
  우리는 야생 동물을 보호해야만 한다.

1149
☐ **wet** 　형 젖은(반 dry 마른) 　동 젖다

[wet]
- ❖ get wet in the rain 비에 젖다
- ❖ The floor is wet. 마룻바닥이 젖었어요.

main 참고 in the main 대체로　main stem 중심가, 번화가

1150

□ **blind** 　　（형）눈이 먼　（명）햇볕 가리개

[blaind]
- blind of an eye 한쪽 눈이 안 보이는
- She's been blind since birth.
  그녀는 태어날 때부터 맹인이었다.

1151

□ **dumb** 　　（형）벙어리의

[dʌm]
- dumb grief 무언의 슬픔
- She has been dumb from birth.
  그녀는 날 때부터 벙어리였다.

1152

□ **sharp** 　　（형）날카로운, 가파른, 뾰족한

[ʃɑːrp]
- a sharp point 뾰족한 끝
- A sharp knife is dangerous.
  날카로운 칼은 위험하다.

1153

□ **terrible** 　　（형）끔직한, 무서운

[térəbl]
- a terrible fire 무서운 화재
- It sounded terrible.
  끔찍한 것 같아.

1154

□ **grand** 　　（형）웅장한, 화려한

[grænd]
- a grand house 호화로운 집
- They are grand and even beautiful.
  그것들은 웅장하고 아름답기까지 해.

1155

□ **homesick** 　　（형）고향을 그리워하는, 향수병의

[hóumsìk]
- be homesick 고향을 그리워하다
- As years go by, I feel more homesick.
  해를 거듭할수록 고향 생각이 간절하다.

1156
□ bound [형] 묶인, 의무가 있는

[baund]

- be bound to 의무가 있다
- He was bound hand and foot.
  그는 손발을 묶였다.

1157
□ fat [형] 살찐, 비만한 [명] 비만

[fæt]

- get fat 뚱뚱해지다
- This pig is very fat. 이 돼지는 매우 살이 쪘다.

1158
□ fast [형] 빠른, 민첩한 [부] 빨리, 단단히

[fǽst / fɑːst]

- a fast highway 고속도로
- The water was rising fast.
  물이 빠르게 불어나고 있었다.

1159
□ strange [형] 이상한, 낯선

[streindʒ]

- a strange face 낯선 얼굴
- A strange thing happened.
  이상한 일이 일어났다.

1160
□ pleasant [형] 즐거운, 유쾌한

[plézənt]

- a pleasant afternoon 유쾌한 오후
- It was a pleasant surprise.
  그것은 뜻밖의 기쁨이었다.

1161
□ handsome [형] 잘생긴, 멋진, 미남인

[hǽnsəm]

- a handsome boy 잘난 사내아이
- He was a handsome man of medium height. 그는 중키의 미남자였다.

1162
□ equal [형] 같은, 균등한, 동등한 [동] ~와 같다

[íːkwəl]

- equal opportunity 기회 균등
- We are equal before the law.
  우리는 법 앞에 평등하다.

1163

□ **dear** ㉠ 친애하는, 비싼 ㉡ 비싸게

[diər]
- ❖ my dear daughter 사랑하는 나의 딸
- ❖ Dear Jane, How are you?
  친애하는 Jane에게, 잘 있었니?

1164

□ **sweet** ㉠ 감미로운, 예쁜 ㉢ 단것, 사탕

[swiːt]
- ❖ sweet stuff 단것
- ❖ This rose smells sweet.
  이 장미는 향기가 좋다.

1165

□ **dull** ㉠ 우둔한(㉰ clever 영리한), 무딘(㉰ sharp 날카로운)

[dʌl]
- ❖ a dull razor blade 무딘 면도날
- ❖ He seems dull beside his sister.
  그는 누이에 비해 우둔해 보인다.

1166

□ **weak** ㉠ 약한, 열등한

[wiːk]
- ❖ weak in the legs 다리가 약한
- ❖ He has a weak heart. 그는 심장이 약하다.

1167

□ **bright** ㉠ 밝은(㉰ dark 어두운), 선명한 ㉡ 밝게

[brait]
- ❖ bright green 밝은 녹색
- ❖ The sun shines bright.
  해가 밝게 빛난다.

1168

□ **honest** ㉠ 정직한(㉰ dishonest 부정직한), 성실한

[ánist / ɔ́n-]
- ❖ an honest soul 정직한 사람
- ❖ He is not honest. 그는 정직하지 않다.

1169

□ **elder** ㉠ 손위의, 연상의

[éldər]
- ❖ an elder officer 상관
- ❖ It was his elder brother.
  그것은 그의 형이었다.

1170

□ **either**

[í:ðər/áiðər]

형 어느 하나의   대 어느 한 쪽

❖ Either will do. 어느 쪽이든지 좋다.
❖ I don't know either of his brothers.
그의 형제 중 어느 쪽도 모른다.

1171

□ **such**

[sʌtʃ/sətʃ]

형 그러한, 이러한

❖ all such men 그런 사람은 모두
❖ He's not such a fool as he looks.
그가 보기만큼 그렇게 바보는 아니다.

1172

□ **able**

[éibl]

형 ~할 수 있는(반 unable ~할 수 없는),
유능한, 능력 있는

❖ be able to do ~할 수 있다
❖ Danny is able to write his name.
Danny는 자기 이름을 쓸 수 있다.

1173

□ **loud**

[laud]

형 목소리가 큰, 시끄러운(반 quiet 조용한)

❖ a loud party 소란스러운 파티
❖ "Speak loud and clear, please."
"큰 소리로 분명히 말해 주세요."

1174

□ **simple**

[símpl]

형 간단한, 단순한

❖ simple beauty 수수한 아름다움
❖ Aspirin is a simple drug.
아스피린은 단순한 약물이다.

1175

□ **clever**

[klévər]

형 영리한(반 stupid 어리석은), 재주 있는

❖ a clever reply 재치 있는 대답
❖ She is no less clever than her sister.
그녀는 동생 못지않게 영리하다.

1176

□ **proud** (형) 자랑스러운, 오만한

[praud]
- ❖ the proud father 득의 양양한 아버지
- ❖ Mother is proud of me.
  어머니께서는 나를 자랑으로 여기신다.

1177

□ **foolish** (형) 어리석은(반 wise 현명한), 바보 같은

[fú:liʃ]
- ❖ a foolish fellow 어리석은 녀석
- ❖ He is so foolish as to believe that.
  그는 그것을 믿을 만큼 어리석다.

1178

□ **possible** (형) 가능한(반 impossible 불가능한)

[pásəbl / pɔ́s-]
- ❖ be possible 가능성이 있다
- ❖ He came as soon as possible.
  그는 가능한 빨리 왔다.

1179

□ **enough** (형) 충분한 (부) 충분히

[inʌ́f]
- ❖ plenty good enough 아주 충분히
- ❖ Thank you, that's enough.
  고맙습니다, 그것으로 충분합니다.

1180

□ **wise** (형) 현명한, 분별 있는

[waiz]
- ❖ a wise judge 현명한 재판관
- ❖ It was wise that she had chosen it.
  그녀가 그것을 택한 것은 현명한 일이었다.

1181

□ **wide** (형) 넓은(반 narrow 좁은) (부) 널리, 넓게

[waid]
- ❖ wide reading 폭넓은 독서
- ❖ How wide is it? 그것은 폭이 얼마나 되느냐?

1182
□ successful 형 성공한

[səksésfəl]
❖ be successful in ~에 성공하다
❖ It was an exciting and successful event.
그것은 흥미진진하고 성공적인 경기였다.

1183
□ clear 형 맑은, 명백한

[kliər]
❖ clear water 맑은 물
❖ Your ideas are not clear.
네 생각들은 분명하지 않다.

1184
□ clean 형 깨끗한 부 깨끗이 동 깨끗이 하다

[kli:n]
❖ a clean life 깨끗한 생활
❖ Clean up before Father comes back.
아버지가 돌아오시기 전에 깨끗이 청소해라.

1185
□ few 형 거의 없는(반 many), 소수의 대 소수

[fju:]
❖ a man of few words 말이 적은 사람
❖ Accidents at work are few.
작업장에서 사고는 거의 없다.

1186
□ deep 형 깊은 부 깊게

[di:p]
❖ dig deep 깊이 파다
❖ This river is very deep.
이 강은 굉장히 깊어요.

1187
□ own 형 자기 자신의 동 소유하다

[oun]
❖ for its own sake 그 자신을 위해
❖ He fought for his own good.
그는 자신의 이익을 위해 싸웠다.

1188
□ cheap 형 값싼(반 expensive 값비싼), 시시한

[tʃi:p]
❖ cheap money 저리 자금
❖ They are as cheap as a television.
그것들은 텔레비전만큼 값이 싸다.

1189
□ **certain** 　⊚ 확실한, 어떤

[sə́:rtn]
- ❖ a certain day 어떤 정해진 날에
- ❖ I am certain of his succeeding.
  그의 성공은 확실하다고 생각한다.

1190
□ **important** 　⊚ 중요한, 유력한

[impɔ́:rtənt]
- ❖ important decisions 중대한 결정
- ❖ Health is most important.
  건강이 가장 중요하다.

1191
□ **stormy** 　⊚ 폭풍의

[stɔ́:rmi]
- ❖ stormy weather 험악한 날씨
- ❖ No ship can leave port in stormy weather.
  폭풍우 치는 날씨에는 어떤 배도 출항할 수 없다.

1192
□ **true** 　⊚ 정말의, 진실한

[truː]
- ❖ a true story 실화
- ❖ That might be true.
  어쩌면 그것은 정말일지도 모른다.

1193
□ **sad** 　⊚ 슬픈(⊜ glad 기쁜), 지독한

[sæd]
- ❖ a sad face 슬픔에 잠긴 얼굴
- ❖ I'm sad you're leaving.
  나는 네가 떠나서 슬프다.

1194
□ **gay** 　⊚ 명랑한, 화려한

[gei]
- ❖ a gay life 화려한 생활
- ❖ She likes a gay colors.
  그녀는 화려한 색상을 좋아한다.

1195
□ **confident** 　⊚ 확신하는, 자신하는

[kánfidənt / kɔ́n-]
- ❖ a confident manner 자신 있는 태도
- ❖ I am confident of his success.
  그의 성공을 확신하고 있다.

1196

□ **merry** 형 즐거운, 유쾌한

[méri]

❖ a merry home 명랑한 가정
❖ The children are having a merry time.
어린애들이 즐겁게 놀고 있다.

1197

□ **colorful** 형 다채로운, 화려한

[kʌ́lərfəl]

❖ be colorful 색채가 풍부하다
❖ His love life was very colorful.
그의 연애 편력은 매우 다채로운 것이었다.

1198

□ **wonderful** 형 놀랄만한, 훌륭한

[wʌ́ndərfəl]

❖ a wonderful view 훌륭한 경치
❖ There goes a big, wonderful car.
저기 크고, 멋진 차가 간다.

1199

□ **peaceful** 형 평화로운, 조용한

[píːsfəl]

❖ peaceful coexistence 평화적 공존
❖ His parents lead a peaceful life in the country.
그의 양친은 시골에서 평화로운 생활을 하고 있다.

1200

□ **angry** 형 성난, 화가 난

[ǽŋgri]

❖ an angry look 화난 얼굴
❖ I came to angry words with him.
나는 화가 나서 그와 말다툼하게 되었다.

1201

□ **dry** 형 마른, 건조한   동 마르다(반 wet 젖은)

[drai]

❖ a dry cough 마른 기침
❖ He dried his clothes by the fire.
그는 옷을 불에 말렸다.

Tip

true 참고 come true 이루어지다 true to life 사실적인
반의어 false 허위의

1202

□ **wrong**   ⓗ 나쁜, 틀린(반 right 올바른)   ⓜ 부정

[rɔːŋ/rɑŋ]
- ❖ a wrong answer 틀린 대답
- ❖ What's wrong with her?
  그녀에게 무슨 잘못된 일이라도 있니?

1203

□ **heavy**   ⓗ 무거운, 대량의

[hévi]
- ❖ a heavy loss 큰 손실
- ❖ The axe is so heavy that I can't lift it.
  그 도끼는 너무 무거워서 들 수가 없다.

1204

□ **quiet**   ⓗ 조용한, 평온한

[kwáiət]
- ❖ a quiet life 평온한 생활
- ❖ I like these quiet dinners.
  나는 이런 조용한 저녁을 좋아한다.

1205

□ **quick**   ⓗ 빠른, 잽싼, (이해 등이) 빠른

[kwik]
- ❖ a quick grower 생장이 빠른 식물
- ❖ He plays in quick rhythm.
  그는 빠른 리듬으로 연주한다.

1206

□ **several**   ⓗ 몇몇의, 몇 개의

[sévərəl]
- ❖ several occasions 몇몇의 경우
- ❖ I have been there several times.
  나는 몇 번인가 거기에 가 본 적이 있다.

1207

□ **alone**   ⓗ 홀로의, 오직 ~뿐인   ⓑ 혼자서

[əlóun]
- ❖ all alone 순전히 혼자서
- ❖ Do outdoor activities alone.
  혼자서 실외 활동을 하라.

1208

□ **alive** 〔형〕 살아있는(반 dead 죽은), 생생하여

[əláiv]
- return alive 살아서 돌아오다
- No way so long as I'm alive!
  내가 살아있는 한 허락할 수 없다!

1209

□ **different** 〔형〕 ～와 다른, 여러 가지의

[dífərənt]
- at different times 여러 기회에
- She had a different opinion.
  그녀는 다른 의견을 가지고 있었다.

1210

□ **difficult** 〔형〕 곤란한, 어려운(반 easy 쉬운)

[dífikʌl/-kəlt]
- a difficult job 어려운 임무
- It is difficult to learn English.
  영어를 배우는 것은 어렵다.

1211

□ **interesting** 〔형〕 재미있는, 흥미진진한

[íntəristiŋ/-trəst]
- an interesting book 재미있는 책
- It makes interesting reading.
  그것은 매우 흥미 있는 기사이다.

1212

□ **unlike** 〔형〕 같지 않은(반 like 닮은), 다른

[ʌnláik]
- unlike signs 상이한 부호
- John was unlike his predecessor in every
  way. 존은 모든 면에서 그의 선임자와는 같지 않았다.

1213

□ **least** 〔형〕 가장 작은(반 most 가장 큰)
〔부〕 가장 적게 〔명〕 최소

[liːst]
- the least sum 최소액
- I am not the least afraid to die.
  나는 조금도 죽음을 두려워하지 않는다.

1214

□ **afraid** 〔형〕 무서워하는, 걱정하는

[əfréid]
- be afraid of dogs 개를 무서워하다
- There's nothing to be afraid of.
  두려워할 것은 아무것도 없다.

1215
□ **cool**　　(형) 시원한, 냉정한　　(동) 차게 하다

[ku:l]
* a cool chamber 냉장실
* The cool wind smoothed him.
  차가운 바람이 그를 진정시켰다.

1216
□ **real**　　(형) 진실의, 진짜의

[rí:əl/ríəl]
* real gold 순금
* We had a real good time. 정말로 즐거웠다.

1217
□ **pretty**　　(형) 예쁜, 귀여운　　(부) 꽤, 상당히

[príti]
* a pretty flower 예쁜 꽃
* I am pretty sell. 상당히 좋은 편입니다.

1218
□ **kind**　　(형) 친절한　　(명) 종류(비 sort), 본질

[kaind]
* all kinds of people 모든 종류의 사람
* You are very kind. 무척 친절하시군요.

1219
□ **sick**　　(형) 병든(반 well 건강한), 싫증난

[sik]
* worry oneself sick 고민 끝에 병들다
* When we are sick, we go to the hospital.
  아플 때 우리는 병원에 간다.

1220
□ **useless**　　(형) 쓸모없는(반 useful 쓸모있는)

[jú:slis]
* a useless fellow 쓸데없는 사람
* It's useless to argue with them.
  그들과 논의해 봤자 소용이 없다.

1221
□ **busy**　　(형) 바쁜, 통화중인

[bízi]
* Line is busy. 통화 중입니다.
* She's busy with her homewcork.
  그녀는 숙제하느라 바쁘다.

1222
□ careful [형] 주의 깊은, 신중한

[kέərfəl]

❖ pass careful judgment 신중한 판단을 내리다
❖ He is careful in speech.
그는 말을 조심하고 있다.

1223
□ early [형] 이른, 빠른 [부] 일찍이

[ə́ːrli]

❖ an early visit 이른 아침의 방문
❖ I will go to bed early tonight.
오늘 밤에는 일찍 잘래요.

1224
□ past [형] 과거의 [전] ~을 지나서 [명] 과거

[pæs/pɑːst]

❖ things of the past 과거의 일
❖ She went past by me.
그녀는 내 옆을 지나갔다.

1225
□ dark [형] 어두운 [명] 어둠

[dɑːrk]

❖ become dark 어두워지다
❖ The hallway is very dark.
복도는 매우 어둡다.

1226
□ cloudy [형] 흐린, 그름이 낀

[kláudi]

❖ cloudy day 흐린 날
❖ It's cloudy and cold.
흐리고 춥다.

1227
□ short [형] 짧은, 키가 작은

[ʃɔːrt]

❖ a short man 키 작은 사람
❖ Today was a short day.
오늘은 하루가 짧은 것 같았다.

past **참고** come past 통과하다 **유의어** previous 앞의, 이전의
반의어 present 현재의

1228

☐ **low** ㉅ 낮은, 값싼 ㉕ 낮게, 값싸게

[lou]
- ❖ low in price 값싸게
- ❖ He sits in a low chair.
  그는 낮은 의자에 앉습니다.

1229

☐ **less** ㉅ 보다 적은 ㉕ 보다 적게

[les]
- ❖ at less than half-price 반값 이하로
- ❖ I have two less children than you.
  나는 너보다 어린애가 둘 적다.

1230

☐ **narrow** ㉅ 좁은, 한정된

[nǽrou]
- ❖ a narrow bridge 좁은 다리
- ❖ The valley narrowed more and more.
  골짜기는 점점 더 좁아져 갔다.

1231

☐ **express** ㉅ 급행의 ㉲ 급행 열차 ㉐ 표현하다

[iksprés]
- ❖ an Express bus 급행 버스
- ❖ Express your idea clearly.
  네 생각을 명확하게 표현해라.

1232

☐ **fit** ㉅ (꼭) 맞는, 알맞은(㉖ proper) ㉐ ~에 맞다

[fit]
- ❖ be fit for use 쓰기에 알맞다
- ❖ I was very happy because the shirt fit perfectly!
  그 셔츠가 꼭 맞아서 나는 매우 행복했다!

1233

☐ **fine** ㉅ 훌륭한, 미세한, 맑은 ㉲ 벌금

[fain]
- ❖ fine weather 좋은 날씨
- ❖ He's a very fine writer.
  그는 아주 훌륭한 작가이다.

1234
□ **neither** 휑 둘 다 아닌　휑 ~도 아니고 ~도 아니다

[níːðər/nai-]
❖ Neither snow nor rain fell.
　눈도 비도 오지 않았다.
❖ Neither sentence is true.
　어떤 문장도 옳지 않다.

1235
□ **dishonest** 휑 부정직한(휑 honest 정직한)

[disánist / -ɔ́n-]
❖ a dishonest act 부정직한 행위
❖ His dishonest act came to light.
　그의 부정행위가 탄로났다.

1236
□ **upside down** 휑 거꾸로 된

[ʌ́psaiddáun]
❖ turn upside down 엉망으로 만들다
❖ Why Do Bats Hang Upside Down?
　박쥐는 왜 거꾸로 매달려 있을까?

1237
□ **personal** 휑 개인의, 인격적인

[pə́ːrsənl]
❖ a personal opinion 개인적인 견해
❖ I have no personal relations with him.
　개인적으로는 그분과 관계가 없다.

1238
□ **each** 휑 각각의, 각자의　휑 각자, 각각

[iːtʃ]
❖ on each occasion 그때마다
❖ Each of us has his opinion.
　우리는 제각기 자기의 의견을 갖고 있다.

1239
□ **convenient** 휑 편리한(휑 handy), 형편이 좋은

[kənvíːnjənt]
❖ a convenient place 편리한 곳
❖ It's cheaper and more convenient.
　그것은 더 싸고 더 편리해.

1240
□ **lazy** 휑 게으른, 나태한(휑 diligent 근면한)

[léizi]
❖ a lazy mind 나태한 마음
❖ What a lazy boy he is!
　그는 얼마나 게으른 소년인가!

1241
□ **idle** [형] 게으른([반] diligent 부지런한) [동] 빈둥대다

[áidl]

❖ live an idle life 게으른 생활을 보내다

❖ Her husband is an idle man.
그녀의 남편은 게으른 사람이다.

1242
□ **brief** [형] 간단한, 짧은([비] short) [명] 개요, 요약

[bri:f]

❖ to be brief 간단히 말하면

❖ His answer was brief.
그의 대답은 간결했다.

1243
□ **financial** [형] 재정적인, 금융의

[finǽnʃəl/fai-]

❖ the financial market 금융 시장

❖ I am responsible for the financial matter.
나는 재정 문제를 도맡고 있다.

1244
□ **rude** [형] 버릇없는([비] impolite), 무례한([반] polite 예의)

[ru:d]

❖ rude behavior 무례한 행위

❖ His rude manners caused me uneasiness.
그의 무례함은 나를 불안하게 했다.

1245
□ **right** [형] 올바른, 오른쪽(의) ([반] left 왼쪽)

[rait]

❖ on the right side 우측에

❖ It's right of him to do that.
그가 그렇게 하는 것은 당연하다.

1246
□ **useful** [형] 유용한, 쓸모있는([반] useless 쓸모없는)

[jú:sfəl]

❖ come in useful 쓸모있게 되다

❖ He's a very useful player.
그는 아직 쓸모있는 선수이다.

1247
□ **back** [형] 뒤로(에) [명] 등, 뒤

[bæk]

❖ sit back to back 뒤를 맞대고 앉다

❖ He rolled onto his back.
그는 등 쪽으로 돌아누웠다.

1248
□ last

[læst / lɑːst]

형 최후의, 지난

❖ last Sunday 지난 일요일
❖ It's the last class on Wednesday.
그것은 수요일의 마지막 수업이다.

1249
□ happy

[hǽpi]

형 행복한, 즐거운

❖ You look happy. 너는 행복해 보인다.
❖ Happy New Year!
새해 복 많이 받으세요!

1250
□ most

[moust]

형 가장 많은, 대부분

❖ in most cases 대개는
❖ He spends most of his time traveling.
그는 대부분의 시간을 여행으로 보낸다.

1251
□ outdoor

[áutdɔ̀ːr]

형 실외의, 옥외에서의

❖ outdoor advertising 옥외광고
❖ He's not really an outdoor type.
그는 사실 옥외활동형이 아니다.

1252
□ full

[ful]

형 가득한, 충분한

❖ a full house 입장 대만원
❖ Vegetables are full of vitamins.
야채에는 비타민이 풍부하다.

1253
□ soft

[sɔːft/sɑft]

형 부드러운, 온화한

❖ soft skin 보들보들한 살결
❖ If you boil potatoes, they get soft.
감자는 삶으면 부드러워진다.

Tip

full 참고 full-on 최대의 유의어 abundant 풍부한, 많은, 풍족한

1254

□ **impossible** 	휑 불가능한(반 possible)

[impásəbl / -pɔ́s-]

* next to impossible 거의 불가능한
* It's absolutely impossible.
  그것은 절대적으로 불가능하다.

1255

□ **careless** 	휑 부주의한, 경솔한

[kɛ́ərlis]

* a careless driver 부주의한 운전자
* The taxi driver was very careless.
  택시 기사는 매우 부주의했다.

1256

□ **dependent** 	휑 의지[의존]하고 있는, ~에 좌우되는

[dipéndənt]

* be dependent on one's parents
  어버이 슬하에 있다
* Don't let yourself become dependent
  on others. 다른 사람들에게 의존하지 마라.

1257

□ **domestic** 	휑 가정의, 가사의, 국내의, 국산의

[dəméstik]

* a domestic article 가정용품
* Her husband is very domestic.
  그녀의 남편은 매우 가정적이다.

1258

□ **handy** 	휑 다루기 쉬운, 편리한, 솜씨 좋은

[hǽndi]

* a handy reference book
  편리한 참고 도서
* A shelf there can be handy.
  그곳에 있는 선반은 이용하기 쉽다.

1259

□ **outer** 	휑 바깥(쪽)의, 외부의

[áutər]

* be shut off from the outer world
  외계와의 교통이 끊어지다

❖ He heard a voice in the outer room.
그는 바깥쪽 방에서 누군가의 목소리를 들었다.

1260
□ **professional** (형) 직업의, 전문직[프로]의 (명) 전문가

[prəféʃənl]

❖ the professional spirit 직업 정신
❖ I think her singing is on a professional level.
그 여자의 노래는 프로의 수준이라고 생각한다.

1261
□ **proper** (형) 적당한, 적절한, 예의바른, 고유의

[prápər / prɔ́p-]

❖ at proper time 적당한 때에
❖ The key to a healthy diet is proper food and regular exercise.
건강한 다이어트의 열쇠는 적당한 음식과 규칙적인 운동이다.

1262
□ **safe** (형) 안전한, 〈야구〉 세이프의 (명) 금고

[seif]

❖ a safe place 안전한 장소
❖ Is it a safe project?
그것은 안전한 사업계획인가?

1263
□ **unable** (형) ~할 수 없는, 무력한, 약한

[ʌnéibl]

❖ be unable to make a living
먹고 살 수 없다
❖ I am afraid that I am unable to attend.
제가 참석하지 못할 것 같은데요.

1264
□ **unnecessary** (형) 불필요한, 쓸데없는, 무익한

[ʌnnésəsèri / -səri]

❖ unnecessary anxiety 쓸데없는 근심
❖ We must reduce unnecessary expenses.
불필요한 지출은 절감해야 한다.

1265
□ **suddenly** (부) 갑자기, 느닷없이

[sʌ́dnli]

❖ appear suddenly 홀연히 나타나다
❖ Suddenly everything turned blue.
갑자기 모든 것이 파랗게 변했다.

1266
□ **mostly** 　 ♧ 주로(凪 mainly), 대개, 보통

[móustli]
- ❖ mostly cloudy 대체로 흐림
- ❖ The audience were mostly women.
  청중은 대개 여자들이었다.

1267
□ **correctly** 　 ♧ 정확히, 바르게

[kəréktli]
- ❖ remember correctly 올바로 기억하다
- ❖ He answered correctly.
  그는 정확하게 대답했다.

1268
□ **ahead** 　 ♧ 앞으로, 앞에

[əhéd]
- ❖ up ahead 그 앞쪽에
- ❖ Many difficulties lay ahead.
  많은 어려움이 앞길에 가로놓여 있었다.

1269
□ **instead** 　 ♧ 그 대신에

[instéd]
- ❖ Give me it instead. 대신 그것을 주시오.
- ❖ He is playing instead of working.
  그는 일하는 대신 놀고 있다.

1270
□ **quite** 　 ♧ 완전히, 꽤, 확실히

[kwait]
- ❖ quite certain 아주 확실한
- ❖ He has quite recovered from his illness.
  그는 완쾌되었다.

1271
□ **nearly** 　 ♧ 거의(凪 almost), 간신히

[níərli]
- ❖ nearly sure 거의 확실한
- ❖ He was nearly driven mad.
  그는 거의 미칠 지경이었습니다.

1272
□ **badly** 　 ♧ 나쁘게, 심하게

[bǽdli]
- ❖ be badly foxed 심하게 변색되어 있다
- ❖ The package has been badly crushed in the post. 소포가 우체국에서 심하게 쭈그러졌다.

1273
□ **almost** 〔♥〕 거의(〔비〕 nearly), 대부분

[ɔ́:lmoust]

❖ almost always 거의 언제나
❖ Dinner is almost ready.
    저녁 준비가 거의 다 되었다.

1274
□ **exactly** 〔♥〕 정확히(〔비〕 correctly), 바로

[igzǽktli]

❖ at exactly six 정각 6시에
❖ Repeat exactly what he said.
    그가 한 말을 그대로 되풀이해보시오.

1275
□ **apart** 〔♥〕 떨어져서, 따로

[əpá:rt]

❖ walk apart 떨어져 걷다
❖ Keep the boys apart.
    그 소년들을 따로 떼어 놓으세요.

1276
□ **afterward** 〔♥〕 그 후, 나중에

[ǽftərwərd/á:f-]

❖ two months afterward 두 달 후에
❖ You'll be sorry afterwards.
    후에 후회할 것이다.

1277
□ **later** 〔♥〕 후에, 나중에

[léitər]

❖ later on 나중에
❖ You can do it later. 나중에라도 할 수 있다.

1278
□ **maybe** 〔♥〕 아마(〔비〕 perhaps), 어쩌면

[méibi:]

❖ Maybe so. 아마 그럴 테지요.
❖ Maybe on the beach. 아마 해변인 것 같아요.

1279
□ **perhaps** 〔♥〕 아마(〔비〕 probably), 어쩌면

[pərhǽps/pərǽps]

❖ It may perhaps be so.
    어쩌면 그럴는지도 모른다.
❖ Perhaps he has lost it.
    아마 그는 그것을 잃었을 것이다.

1280

☐ **probably** ⊕ 아마, 대개는

[prábəbli / prɔ́b-]
- He will probably come.
  아마 그는 올 것이다.
- I'll probably be a little late.
  아마 좀 늦을 것 같다.

1281

☐ **anyway** ⊕ 어쨌든, 아무튼

[éniwèi]
- Thank you anyway.
  어쨌든 고맙습니다.

1282

☐ **sometime** ⊕ 때때로, 언젠가

[sʌ́mtàim]
- sometime or other 언젠가
- He sometimes gets up early.
  그는 때로는 일찍 일어난다.

1283

☐ **forward** ⊕ 앞으로(⊞ backward 뒤로), ⊛ 전방의

[fɔ́ːrwərd]
- forward planning 장래의 계획
- She drove the car forward.
  그녀는 차를 앞으로 몰았다.

1284

☐ **since** ⊕ 그 후, 그 이래

[sins]
- since one's birth 출생 후
- I have not seen him since.
  나는 그 후 그를 만나지 못했다.

1285

☐ **once** ⊕ 한번, 한때(⊞ formerly)

[wʌns]
- once again 한 번 더
- He cleans his car once a week.
  그는 차를 1주일에 한번 세차한다.

1286
□ twice ⊕ 두 번, 2회, 두 배(로)

[twais]
* think twice 재고하다
* I have twice as much as you.
  나는 너의 2배나 갖고 있다.

1287
□ indeed ⊕ 실로, 참으로

[indí:d]
* Very cold indeed. 정말 몹시 춥군.
* He might indeed be correct.
  그래 참, 그가 옳은지도 몰라.

1288
□ seldom ⊕ 드물게(비 rarely), 좀처럼 ~않다

[séldəm]
* not seldom 때때로
* He seldom betrays his feelings.
  그는 좀처럼 감정을 드러내지 않는다.

1289
□ usually ⊕ 보통, 대개

[júːʒuəli/-ʒwəli]
* more than usually 보통보다
* What do you usually do on Sundays?
  일요일에는 보통 무엇을 합니까.

1290
□ safely ⊕ 안전하게(반 dangerously 위험하게)

[séifli]
* arrive safely 안착하다
* Can you tell me how I can pass it safely?
  내가 안전하게 이것을 지나갈 방법을 알려 줄래?

1291
□ always ⊕ 늘, 언제나, 항상

[ɔ́ːlweiz]
* almost always 거의 언제나
* She always works hard.
  그녀는 언제나 열심히 일한다.

1292
□ somewhere ⊕ 어딘가에(서), 어디론가, 대략, 약

[sʌ́mhwɛ̀ər]
* somewhere in Seoul 서울 어딘가에
* It's somewhere here.
  여기 어딘가에 있을 거예요.

1293
☐ **well**   🔵 잘, 건강한, 글쎄   🟢 우물

[wel]
- ❖ a well of information 지식의 샘
- ❖ He speaks English well.
  그는 영어를 잘한다.

1294
☐ **backward**   🔵 뒤쪽으로, 거꾸로   🟠 뒤편의

[bǽkwərd]
- ❖ walk backward 뒷걸음질 치다
- ❖ I forgot to set my watch one hour backward. 나는 시곗바늘을 한 시간 뒤로 돌려놓는 것을 깜박 잊어버렸다.

1295
☐ **formerly**   🔵 이전에, 옛날에

[fɔ́ːrmərli]
- ❖ a formerly prosperous town
  예전에 번영했던 고을
- ❖ Formerly there was a temple here.
  옛날에 여기 절이 있었다.

1296
☐ **behind**   🔶 ~의 뒤에 (🔴 before 앞에)   🔵 뒤에

[biháind]
- ❖ follow behind 뒤를 따르다
- ❖ I am behind him in English.
  나는 영어에서 그에게 뒤진다.

1297
☐ **beyond**   🔶 ~의 저쪽에, ~이상의

[bijǽnd / bijɔ́nd]
- ❖ beyond the sea 바다 저편에
- ❖ He lives beyond his income.
  그는 수입 이상의 생활을 하고 있다.

1298
☐ **below**   🔶 ~의 아래에(🔴 above 위에)   🔵 아래에

[bilóu]
- ❖ below the table 테이블 밑에
- ❖ He is below standard.
  그는 수준 이하이다.

1299
☐ **toward**   🔶 ~쪽으로, ~에 대하여, ~가까이

[tɔːrd, təwɔ́ːrd]
- ❖ go toward the river 강 쪽으로 가다

❖ A bicycle is coming toward me.
자전거 한 대가 나를 향해 오고 있어요.

1300
□ **during** ㉚ ~동안, ~사이에

[djúəriŋ]

❖ during the day 낮 동안
❖ During the day, they were busy.
하루 동안 그들은 바빴다.

1301
□ **among** ㉚ ~의 사이에, ~ 중의 하나로

[əmʌ́ŋ]

❖ among the crowd 군중 속에
❖ The car is among the trees.
차가 나무 사이에 있다.

1302
□ **before** ㉚ ~이전에 ㉝ 앞에, ~하기 전에

[bifɔ́:r]

❖ long before 훨씬 전에
❖ We seldom met before 9 a.m.
우리는 오전 9시 이전에 만난적이 거의 없었다.

1303
□ **unless** ㉚ ~하지 않으면, ~이 아니면

[ənlés]

❖ We shall go unless it rains.
만일 비가 오지 않으면 우리는 갈 것이다.

1304
□ **though** ㉚ 비록 ~일지라도 ㉝ ~이기는 하지만
(㉛ although)

[ðou]

❖ Though he was young, he supported his family.
그는 어렸지만 그의 가족을 부양하고 있었다
❖ Even though he was so fat, he won the race. 그가 매우 뚱뚱할지라도 그는 경주에서 우승하였다.

---

behind 어원 be(~에)+hind(뒤쪽)로 되어 있다. 참고 get behind 늦어지다 반의어 before(전에) 유의어 after(뒤에)

1046 □ **push** (동) 밀다 (명) 밀기

1047 □ **guess** (동) 추측하다

1048 □ **belong** (동) ~에 속하다

1049 □ **happen** (동) (우연히) 일어나다

1050 □ **pick** (동) 고르다, 줍다

1051 □ **shake** (동) 떨다, 흔들다

1052 □ **fill** (동) 가득 차다, 넘치다

1053 □ **fail** (동) 실패하다

1054 □ **fight** (동) 싸우다

1055 □ **carry** (동) 나르다

1056 □ **dive** (동) 다이빙하다

1057 □ **win** (동) 이기다

1058 □ **ride** (동) 타다 (명) 승차

1059 □ **turn** (동) 돌리다

1060 □ **build** (동) 짓다

1061 □ **hurry** (동) 서두르다

1062 □ **return** (동) 되돌아가다

1063 □ **believe** (동) 믿다

1064 □ **surprise** (동) 놀라다

1065 □ **gather** (동) 모으다

1066 □ **know** (동) 알다, 분별하다

1067 □ **throw** (동) 던지다

1068 □ **let** (동) 시키다, 빌리다

1069 □ **raise** (동) 올리다

1070 □ **count** (동) 세다, 계산하다

1071 □ **smell** (동) 냄새 맡다

1072 □ **spend** (동) 쓰다

1073 □ **blow** (동) 불다

1074 □ **miss** (동) 놓치다

1075 □ **excuse** (동) 용서하다

1076 □ **hit** (동) 치다, 때리다

1077 □ **tie** (동) 매다, 묶이다

1078 □ **touch** (동) 대다

1079 □ **stay** (동) 머무르다

1080 □ **enjoy** (동) 즐기다

1081 □ **lose** (동) 잃다

1082 □ **close** (동) 닫다

1083 □ **arrive** (동) (at ~)~에 도착하다

1084 □ **reach** (동) 도착하다

1085 □ **hold** (동) 쥐다

1086 □ **worry** (동) 걱정하다

1087 □ **marry** (동) 결혼하다

1088 □ **expect** (동) 예상하다

1089 □ **understand** (동) 이해하다

1090 □ **relax** (동) 긴장을 풀다

1091 □ **become** (동) ~이[가] 되다

1092 □ **break** (동) 어기다

1093 □ **require** (동) 구하다

1094 □ **lend** (동) 빌려주다

1095 □ **shut** (동) 감다, 닫다

1096 □ **sleep** (동) 잠자다

1097 □ **endure** (동) 참다, 견디다

1098 □ **lay** (동) 눕히다, 놓다

1099 □ **grow** (동) 성장하다

1100 □ **lead** (동) 인도하다

1101 □ **pass** (동) 건네주다

1102 □ **serve** (동) 섬기다

1103 □ **laugh** (동) 웃다

1104 □ **delay** (동) 지연하다

1105 □ **disappear** (동) 사라지다

1106 □ **discover** (동) 발견하다

1107 □ **prevent** (동) 막다

1108 □ **impress** (동) 감명을 주다

1109 □ **drive** (동) 운전하다

1110 □ **leave** (동) 떠나다

1111 □ **recover** (동) 되찾다

1112 □ **recognize** (동) 알아보다

1113 □ **progress** (동) 진보하다

1114 □ **rise** (동) 오르다, 증가하다

1115 □ **excite** (동) 흥분하다

1116 □ **reduce** (동) 줄이다

1117 □ **divide** (동) 분할하다

1118 □ **repair** (동) 수선하다

1119 □ **fix** (동) 고치다

1120 □ **exist** (동) 존재하다

1121 □ **tame** (동) 길들이다

1122 □ **rush** (동) 돌진하다

1123 □ **find** (동) 찾아내다

1124 □ **mix** (동) 섞다, 혼합하다

1125 □ **chat** (동) 잡담하다

1126 □ **distinguish** (동) 구별하다

1127 □ **suggest** (동) 제안하다

1128 □ **pour** (동) 따르다, 쏟다

1129 □ **spread** (동) 펴다, 바르다

1130 □ **deliver** (동) 전달하다

1131 □ **like** (동) 좋아하다

1132 □ **ask** (동) 묻다, 물어보다

1133 □ **stop** (동) 멈추다, 그만두다

1134 □ **fall** (동) 떨어지다

1135 □ **act** (동) 행동하다

1136 □ **acquire** (동) ~을 얻다

1137 □ **advance** (동) 나아가다

1138 □ **aim** (동) ~을 향하게 하다

1139 □ **annoy** (동) 괴롭히다

1140 □ **awake** (동) 깨우다

1141 □ **depart** (동) 출발하다

1142 □ **dislike** (동) 싫어하다

1143 □ **employ** (동) 쓰다

1144 □ **export** (동) 수출하다

1145 □ **scatter** (동) 흩뿌리다

1146 □ **substitute** (동) 대체하다

1147 □ **main** (형) 주요한, 주된

1148 □ **wild** (형) 야생의,

1149 □ **wet** (형) 젖은

1150 □ **blind** 형 눈이 먼	1184 □ **clean** 형 깨끗한	1219 □ **sick** 형 병든
1151 □ **dumb** 형 벙어리의	1185 □ **few** 형 거의 없는	1220 □ **useless** 형 쓸모 없는
1152 □ **sharp** 형 날카로운	1186 □ **deep** 형 깊은 부 깊게	1221 □ **busy** 형 바쁜, 통화중인
1153 □ **terrible** 형 끔찍한	1187 □ **own** 형 자기 자신의	1222 □ **careful** 형 주의 깊은
1154 □ **grand** 형 웅장한, 화려한	1188 □ **cheap** 형 값싼	1223 □ **early** 형 이른, 빠른
1155 □ **homesick** 형 고향을 그리워하는	1189 □ **certain** 형 확실한, 어떤	1224 □ **past** 형 과거의
1156 □ **bound** 형 묶인	1190 □ **important** 형 중요한	1225 □ **dark** 형 어두운
1157 □ **fat** 형 살찐, 비만한	1191 □ **stormy** 형 폭풍의	1226 □ **cloudy** 형 흐린
1158 □ **fast** 형 빠른, 민첩한	1192 □ **true** 형 정말의, 진실한	1227 □ **short** 형 짧은
1159 □ **strange** 형 이상한	1193 □ **sad** 형 슬픈	1228 □ **low** 형 낮은, 값싼
1160 □ **pleasant** 형 즐거운	1194 □ **gay** 형 명랑한, 화려한	1229 □ **less** 형 보다 적은
1161 □ **handsome** 형 잘생긴	1195 □ **confident** 형 확신하는	1230 □ **narrow** 형 좁은, 한정된
1162 □ **equal** 형 같은, 균등한	1196 □ **merry** 형 즐거운, 유쾌한	1231 □ **express** 형 급행의
1163 □ **dear** 형 친애하는	1197 □ **colorful** 형 다채로운	1232 □ **fit** 형 (꼭) 맞는, 알맞은
1164 □ **sweet** 형 감미로운	1198 □ **wonderful** 형 놀랄만한	1233 □ **fine** 형 훌륭한, 미세한
1165 □ **dull** 형 우둔한	1199 □ **peaceful** 형 평화로운	1234 □ **neither** 형 둘 다 아닌
1166 □ **weak** 형 약한, 열등한	1200 □ **angry** 형 성난, 화가 난	1235 □ **dishonest** 형 부정직한
1167 □ **bright** 형 밝은	1201 □ **dry** 형 마른, 건조한	1236 □ **upside down** 형 거꾸로 된
1168 □ **honest** 형 정직한	1202 □ **wrong** 형 나쁜, 틀린	1237 □ **personal** 형 개인의
1169 □ **elder** 형 손위의, 연상의	1203 □ **heavy** 형 무거운	1238 □ **each** 형 각각의
1170 □ **either** 형 어느 하나의	1204 □ **quiet** 형 조용한, 평온한	1239 □ **convenient** 형 편리한
1171 □ **such** 형 그러한, 이러한	1205 □ **quick** 형 빠른, 잽싼	1240 □ **lazy** 형 게으른, 나태한
1172 □ **able** 형 ~할 수 있는	1206 □ **several** 형 몇몇의	1241 □ **idle** 형 게으른
1173 □ **loud** 형 목소리가 큰	1207 □ **alone** 형 홀로의	1242 □ **brief** 형 간단한
1174 □ **simple** 형 간단한	1208 □ **alive** 형 살아 있는	1243 □ **financial** 형 재정적인
1175 □ **clever** 형 영리한	1209 □ **different** 형 ~와 다른	1244 □ **rude** 형 버릇없는
1176 □ **proud** 형 자랑스러운	1210 □ **difficult** 형 곤란한	1245 □ **right** 형 올바른
1177 □ **foolish** 형 어리석은	1211 □ **interesting** 형 재미있는	1246 □ **useful** 형 유용한
1178 □ **possible** 형 가능한	1212 □ **unlike** 형 같지 않은	1247 □ **back** 형 뒤로(에)
1179 □ **enough** 형 충분한	1213 □ **least** 형 가장 작은	1248 □ **last** 형 최후의, 지난
1180 □ **wise** 형 현명한	1214 □ **afraid** 형 무서워하는	1249 □ **happy** 형 행복한
1181 □ **wide** 형 넓은	1215 □ **cool** 형 시원한	1250 □ **most** 형 가장 많은
1182 □ **successful** 형 성공한	1216 □ **real** 형 진실의, 진짜의	1251 □ **outdoor** 형 실외의
1183 □ **clear** 형 맑은, 명백한	1217 □ **pretty** 형 예쁜	1252 □ **full** 형 가득한, 충분한
	1218 □ **kind** 형 친절한	1253 □ **soft** 형 부드러운, 온화한

1254 □ **impossible** 형 불가능한	1272 □ **badly** 부 나쁘게, 심하게	1290 □ **safely** 부 안전하게
1255 □ **careless** 형 부주의한	1273 □ **almost** 부 거의	1291 □ **always** 부 늘, 언제나
1256 □ **dependent** 형 의지하고 있는	1274 □ **exactly** 부 정확히	1292 □ **somewhere** 부 어딘가에(서)
1257 □ **domestic** 형 가정의	1275 □ **apart** 부 떨어져서, 따로	1293 □ **well** 부 잘, 건강한, 글쎄
1258 □ **handy** 형 다루기 쉬운	1276 □ **afterward** 부 그 후	1294 □ **backward** 부 뒤쪽으로
1259 □ **outer** 형 바깥(쪽)의	1277 □ **later** 부 후에, 나중에	1295 □ **formerly** 부 이전에
1260 □ **professional** 형 직업의	1278 □ **maybe** 부 아마	1296 □ **behind** 전 ~의 뒤에
1261 □ **proper** 형 적당한	1279 □ **perhaps** 부 아마	1297 □ **beyond** 전 ~의 저쪽에
1262 □ **safe** 형 안전한	1280 □ **probably** 부 아마	1298 □ **below** 전 ~의 아래에
1263 □ **unable** 형 ~할 수 없는	1281 □ **anyway** 부 어쨌든	1299 □ **toward** 전 ~쪽으로
1264 □ **unnecessary** 형 불필요한	1282 □ **sometime** 부 때때로	1300 □ **during** 전 ~동안
1265 □ **suddenly** 부 갑자기	1283 □ **forward** 부 앞으로	1301 □ **among** 전 ~의 사이에
1266 □ **mostly** 부 주로	1284 □ **since** 부 그 후, 그 이래	1302 □ **before** 전 ~이전에
1267 □ **correctly** 부 정확히	1285 □ **once** 부 한번, 한때	1303 □ **unless** 접 ~하지 않으면
1268 □ **ahead** 부 앞으로, 앞에	1286 □ **twice** 부 두 번, 2회	1304 □ **though** 접 비록 ~일지라도
1269 □ **instead** 부 그 대신에	1287 □ **indeed** 부 실로, 참으로	
1270 □ **quite** 부 완전히, 꽤	1288 □ **seldom** 부 드물게	
1271 □ **nearly** 부 거의	1289 □ **usually** 부 보통, 대개	

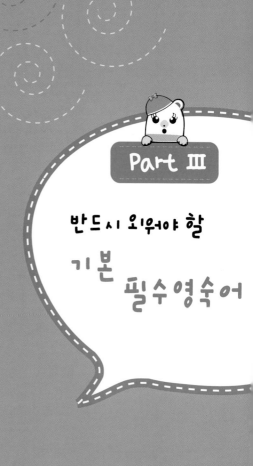

Part III

반드시 외워야 할

기본
필수영숙어

1
□ **A as well as B**   B뿐만 아니라 A도

❖ The boy speaks Russian frequently as well as English.
소년은 영어뿐만 아니라 러시아어도 잘 말한다.

2
□ **a lot of**   많은(many)

❖ She has a lot of books.
그녀는 많은 책을 가지고 있다.

3
□ **a number of**   많은(many)

❖ There are a number of small parks in Seoul.
서울에는 많은 소공원들이 있다.

4
□ **a sheet of**   한 장의

❖ Give me a sheet of paper.
한 장의 종이를 달라.

5
□ **according to**   ~에 의하면

❖ According to the weather forecast, it will snow tomorrow.
일기예보에 따르면, 내일 눈이 올 것이다.

6
□ **add up to**   합계 ~이 되다

❖ The figures add up to 300.
그 수는 합계 300이 된다.

7

☐ **after a while** 잠시 후에

❖ He came back after a while.
그는 잠시 후에 돌아왔다.

8

☐ **after all** 결국

❖ She cried after all.
결국 그녀는 울고 말았다.

9

☐ **after school** 방과 후에

❖ What do you do after school?
방과 후에 뭐할 거니?

10

☐ **again and again** 몇 번이고, 되풀이하여(repeatedly)

❖ Read this sentence again and again.
이 문장을 반복해서 읽으시오.

11

☐ **agree with** 동의하다

❖ I cannot agree with you on that point.
그 점에 있어서 너랑 동의할 수 없어.

12

☐ **ahead of** ∼의 앞에

❖ They are all ahead of us!
그들은 우리를 앞질렀어!

13

☐ **all around** 도처에

❖ There were many flowers all around.
도처에 수많은 꽃들이 있었다.

14

☐ **all at once** 갑자기(suddenly)

❖ He disappeared all at once.
갑자기 그가 사라졌다.

15

□ **all day** 온종일

❖ She is busy all day.
그녀는 온종일 바쁘다.

16

□ **all in tears** 온통 눈물을 흘리며

❖ She was telling the story all in tears.
그녀는 온통 눈물을 흘리며 그 이야기를 하고 있다.

17

□ **all one's life** 한평생

❖ She helped the poor all her life.
그녀는 한평생 가난한 사람들을 도우며 살았다.

18

□ **all over the world** 전 세계적으로

❖ The musician became famous all over the world.
그 음악가는 전 세계적으로 유명해졌다.

19

□ **all the time** 언제나, 항상(always)

❖ She got a good grade all the time.
그녀는 항상 좋은 성적을 받았다.

20

□ **all the way** 도중 내내

❖ They walked all the way to the village .
그들은 마을까지 내내 걸었다.

21

□ **all the year round** 일 년 내내

❖ The weather is warm almost all the year round.
거의 일 년 내내 날씨가 따뜻하다.

22

☐ **along with**   ~와 더불어

❖ He carried camera with him along with food.
그는 먹을 것과 카메라를 가져왔다.

23

☐ **and so on**   기타 등등

❖ He bought salt, sugar and so on.
그는 소금, 설탕 등을 샀다.

24

☐ **as ~ as ~**   ~만큼 ~하다

❖ He is as strong as his elder brother.
그는 큰형만큼 세다.

25

☐ **as a matter of fact**   실은, 실제로는(in fact)

❖ As a matter of fact, I can't believe it.
실은, 믿을 수 없어.

26

☐ **as if**   마치 ~처럼

❖ He spends money as if he were a rich man.
그는 마치 부자인 것처럼 돈을 쓴다.

27

☐ **as long as**   ~하는 한, ~하는 동안은(while)

❖ Nature protects us as long as we protect her.
우리가 자연을 보호하는 한 자연은 우리를 보호한다.

28

☐ **as soon as**   ~하자마자

❖ As soon as a squirrel saw me, it ran away.
다람쥐가 우리를 보자마자 도망갔다.

29
□ **as well** 역시

❖ He can speak Japanese as well.
그는 일본어도 역시 할 줄 안다.

30
□ **ask for** ~을 요구하다, 청구하다(inquire)

❖ He asked for a cup of coffee.
그가 커피 한 잔을 청했다.

31
□ **at a time** 한 때에

❖ Do one thing at a time.
한 때에는 한 가지 일을 해라.

32
□ **at dawn** 새벽에

❖ She went running at dawn.
그녀는 새벽에 조깅하러 갔다.

33
□ **at first** 처음에는, 최초로

❖ At first she didn't see me.
처음에는 그녀가 나를 보지 못했다.

34
□ **at first sight** 첫눈에

❖ The king fell in love at first sight.
왕은 첫눈에 사랑에 빠졌다.

35
□ **at last** 마침내, 드디어(finally)

❖ At last we reached at the top of mountain. 우리는 마침내 산 정상에 도착했다.

36
□ **at least** 적어도

❖ I usually walk for at least 30 minutes.
나는 보통 적어도 30분은 걸어.

37

□ **at once**　　즉시(immediately)

❖ Come out at once.
즉시 나오너라.

38

□ **at play**　　놀고 있는

❖ The children at play are my friends.
놀고 있는 아이들은 내 친구들이다.

39

□ **at that time**　　그 당시에는(then)

❖ They were happy at that time.
그들은 당시에는 행복했었다.

40

□ **at the age of**　　~의 나이에

❖ He died at the age of 89.
그는 89세에 죽었다.

41

□ **at the rate of**　　~의 비율로

❖ Beef is sold at the rate of 8,000 won
a geun.
쇠고기는 한 근에 8,000원 꼴로 판매되고 있다.

42

□ **at the same time**　　동시에

❖ The two boys answered "yes" at the
same time.
두 소년은 동시에 '예' 라고 대답했다.

43

□ **back and forth**　　앞뒤로, 이리저리

❖ The boys passed the ball back and
forth.
소년들이 공을 이리저리 패스했다.

⁴⁴
□ **be able to ~**　　~을 할 수 있다(can)

❖ How soon will you be able to start?
언제부터 근무할 수 있겠습니까?

⁴⁵
□ **be absent from**　　~에 결석하다

❖ Jack is absent from school today.
잭은 오늘 결석이다.

⁴⁶
□ **be afraid of**　　~을 두려워하다

❖ Everybody is afraid of tigers.
모든 사람은 호랑이를 두려워한다.

⁴⁷
□ **be born**　　태어나다, 탄생하다

❖ He was born in Seoul.
그는 서울에서 태어났다.

⁴⁸
□ **be busy + ~ing**　　~하느라고 바쁘다

❖ They are busy taking tests.
그들은 시험 치느라고 바쁘다.

⁴⁹
□ **be busy with**　　~로 붐비다

❖ The street was busy with many cars.
거리는 많은 차들로 붐볐다.

⁵⁰
□ **be called to**　　~에 초대되다

❖ We were called to his house for dinner.
우리들은 그의 집으로 만찬에 초대되었다.

⁵¹
□ **Be careful of**　　~을 조심하다

❖ Be careful of your health.
건강을 조심하거라.

52

☐ **be certain that ~** ~라고 확신하다

❖ I am certain that he will arrive soon.
나는 그가 곧 도착할 거라고 확신한다.

53

☐ **be covered with** ~으로 덮이다

❖ The desk is covered with dust.
책상은 먼지로 뒤덮여있다.

54

☐ **be different from** ~와는 다르다

❖ English is different from Korean.
영어는 한국어와는 다르다.

55

☐ **be engaged to** ~와 약혼하다

❖ I am engaged to her.
나는 그녀와 약혼했다.

56

☐ **be famous for** ~으로 유명하다

❖ Van Gogh is famous for an artist.
고흐는 화가로 유명하다.

57

☐ **be filled with** ~으로 가득 차다

❖ The glass is filled with water.
잔은 물로 채워져 있다.

58

☐ **be fond of** ~을 좋아하다

❖ She was fond of swimming.
그녀는 수영하기를 좋아했다.

59

☐ **be free to ~** 마음대로 ~해도 좋다

❖ You are free to go or stay as you please. 가든 머무르든 좋을 대로 하세요.

60
☐ **be freed from**   ~로부터 해방되다

❖ When was Korea freed from Japan?
한국은 언제 일본으로부터 해방되었는가?

61
☐ **be from**   ~출신이다, ~에서 오다

❖ He is from New York.
그는 뉴욕 출신이다.

62
☐ **be full of**   ~으로 가득 차다(be filled with)

❖ The room is full of pretty flowers.
방은 꽃으로 가득 차있다.

63
☐ **be glad to ~**   기꺼이 ~하다

❖ I will be glad to help you.
내가 도와줄게.

64
☐ **be going to ~**   ~하고자 한다, ~하려고 한다

❖ I am going to write a letter to my aunt.
숙모에게 편지를 쓰려고 한다.

65
☐ **be good to**   ~에게 친절히 대하다

❖ Be good to other people.
다른 사람들에게 친절해라.

66
☐ **be in trouble**   곤경에 빠지다

❖ He was in trouble then.
그는 당시에 곤란한 처지였다.

67
☐ **be interested in**   ~에 흥미가 있다

❖ Are you interested in movie?
영화에 흥미가 있니?

68

□ be late for ～에 지각하다

❖ I was late for school yesterday.
어제 학교에 지각했다.

69

□ be made from ～으로 만들어지다(화학적 변화)

❖ The wine is made from grape.
포도주는 포도로 만든다.

70

□ be made of ～으로 만들어지다(물리적 변화)

❖ This desk is made of wood.
이 책상은 나무로 만들어졌다.

71

□ be made up of ～으로 구성되다

❖ The baseball team is made up of nine boys.
야구팀은 9명의 소년으로 구성되어 있다.

72

□ be over 끝나다

❖ School was over at three.
수업은 3시에 끝났다.

73

□ be patient with ～에게 너그럽다

❖ He is patient with others.
그는 남에게 너그럽다.

74

□ be pleased with ～에 기뻐하다

❖ She was pleased with his letter.
그녀는 그의 편지에 기뻐했다.

75

□ be proud of ～을 자랑하다

❖ They are proud of their parents.
그들은 부모님을 자랑스러워한다.

76
□ be ready for   ～의 준비가 되어 있다

❖ Be Ready For Summer!
여름을 준비하세요!

77
□ be ready to + 동사   ～할 준비가 되다

❖ Are you ready to start? 출발할까?

78
□ be supposed to ~   ～하기로 되어 있다

❖ I am supposed to meet her at seven.
나는 7시에 그녀를 만나기로 되어 있다.

79
□ be thankful to   ～에게 감사하다

❖ They were thankful to God for the new land. 그들은 새 땅을 준 데 대해서 하나님에게 감사했다.

80
□ be tired of   ～에 싫증이 나다

❖ Are you tired of reading?
읽는 게 싫증이 났니?

81
□ be up   끝나다

❖ Time is up. 시간이 다 되었다.

82
□ be used up   다 소모되다

❖ The oil is used up.
기름이 동났다.

83
□ be well-known for   잘 알려져 있다

❖ Hawaii is well-known for its hula dances.
하와이는 훌라 댄스로 잘 알려져 있다.

84
□ **because of** ~때문에

❖ He is taking a rest because of sickness. 그는 아파서 요양 중이다.

85
□ **before long** 머지않아

❖ Your sister will be back before long. 네 여동생은 곧 돌아올 거다.

86
□ **begin with** ~부터 시작하다

❖ Which shall I begin with? 어느 것부터 시작할까?

87
□ **bend down** 허리를 구부리다

❖ He bent down to pick up a stone. 그는 허리를 굽혀 돌을 주워들었다.

88
□ **break into** ~에 침입하다

❖ A thief broke into the house last night. 어젯밤 도둑이 그 집에 침입하였다.

89
□ **break out** (화재, 전쟁 등이) 일어나다, 돌발하다

❖ The Korean War broke out in 1950. 한국 전쟁은 1950년에 일어났다.

90
□ **by chance** 우연히

❖ I met her by chance. 우연히 그녀를 만났다.

91
□ **by oneself** 홀로(alone)

❖ She went to Pusan by herself. 그녀는 혼자서 부산에 갔다.

92
□ **by the way**   말이 나온 김에, 그런데

   ❖ By the way, who are you ?
     그런데, 넌 누구야?

93
□ **by train**   기차로(on foot; 도보로)

   ❖ I went to my uncle's by train.
     기차를 타고 삼촌댁에 갔다.

94
□ **call for**   ~을 필요로 하다

   ❖ The job calls for care.
     그 일은 주의가 필요하다.

95
□ **call up**   전화하다

   ❖ I'll call you up again. 다시 전화 걸게.

96
□ **can afford to ~**   ~할 여유가 있다

   ❖ She can afford to buy a house.
     그 여자는 집을 살 여유가 있다.

97
□ **can not help + ~ing**   ~하지 않을 수 없다

   ❖ She could not help worrying about the matter.
     그 여자는 그 일에 대하여 걱정하지 않을 수 없었다.

98
□ **cannot ~ too**   아무리 ~해도 지나치지 않다

   ❖ I cannot praise him too much.
     그는 아무리 칭찬해도 지나치지 않다.

99
□ **care for**   ~을 돌보다, ~을 좋아하다

   ❖ She cares for the sick.
     그 여자는 아픈 사람들을 돌본다.

100

☐ **carry out**   ∼을 실행하다

❖ You must carry out your first plan.
너의 처음 계획을 실행해야 한다.

101

☐ **catch(get, take) a cold**   감기에 걸리다

❖ Close the window, or you will catch a cold.
창문을 닫지 않으면 감기 걸린다.

102

☐ **check with**   ∼에 자세히 알아보다

❖ I'll check with him to make sure.
틀림없도록 그에게 확인해 보겠다.

103

☐ **climb up and down**   오르내리다

❖ Monkeys climb up and down the trees. 원숭이들이 나무위로 오르내린다.

104

☐ **close to**   ∼에 가까이

❖ He lives close to a bus stop.
그는 버스 정류장에서 가까운 곳에 산다.

105

☐ **come to ∼**   ∼하게 되다

❖ You will come to understand the meaning.
너는 그 의미를 이해하게 될 것이다.

106

☐ **come to a stop**   정지하다

❖ All traffic comes to a stop.
모든 교통은 정지된다.

107
□ **come true** 실현되다

❖ His dream has come true.
그의 꿈이 실현됐다.

108
□ **come up to** ~에게 다가오다

❖ An old man came up to me.
어떤 노인이 내게 다가왔다.

109
□ **come upon an idea** 생각이 떠오르다

❖ Suddenly she came upon an idea.
갑자기 그 여자는 한 생각이 떠올랐다.

110
□ **compare A to B** A를 B에 비유하다

❖ They compared the boy to a sheep.
그들은 그 소년을 양에 비유했다.

111
□ **compare A with B** A를 B와 비교하다

❖ Compare this book with that one.
이 책을 저 책과 비교하여라.

112
□ **count up to** ~까지 세다

❖ They could count up to twelve.
그들은 12까지 셀 수 있었다.

113
□ **depend on** ~에 의지하다, ~에 달려 있다

❖ Don't depend on others.
남에게 의지하지 말아라.

114
□ **die from** ~때문에 죽다

❖ Some of them died from snake bites.
그들 중 몇 명은 뱀에게 물려 죽었다.

115
□ **die of**　　~때문에 죽다

❖ Many children died of hunger.
많은 어린이들이 굶주림 때문에 죽었다.

116
□ **do one's best**　　최선을 다하다(try one's best)

❖ Do your best.
최선을 다하라.

117
□ **don't mention it**　　천만에

❖ Don't mention it.
천만의 말씀입니다.

118
□ **each other**　　(둘일 때) 서로(one another(셋일 때))

❖ They are looking at each other.
그들이 서로를 보고 있다.

119
□ **earn one's living**　　생계를 유지하다

❖ She is earning her living by needle-work.
그녀는 바느질로 생계를 유지한다.

120
□ **eat up**　　먹어치우다

❖ The mice ate up all the corn.
쥐가 곡식을 모두 먹어치웠다.

121
□ **enjoy oneself**　　즐기다, 재미있게 지내다

❖ We enjoyed ourselves at the picnic.
우리는 소풍에서 재미있게 놀았다.

122
□ **every few minutes**　　2, 3분마다

❖ He will be here every few minutes.
그는 2, 3분마다 여기에 올 것이다.

123
□ **except for**　　　～을 제외하고

❖ It is good except for a few mistakes.
약간의 실수를 제외하면 그것은 좋다.

124
□ **excuse me**　　　실례합니다

❖ Excuse me, but will you show me the way?
실례합니다만, 길 좀 물어봅시다.

125
□ **fall asleep**　　　잠이 들다

❖ The baby will fall asleep soon.
그 갓난아기는 곧 잠들 것이다.

126
□ **fall down**　　　넘어지다

❖ Be careful not to fall down.
넘어지지 않도록 주의하여라.

127
□ **fall in love with**　　　～와 사랑에 빠지다

❖ The farmer fell in love with her.
그 농부는 그녀와 사랑에 빠졌다.

128
□ **fall off**　　　(나무 등에서) 떨어지다

❖ Monkeys sometimes fall off trees.
원숭이도 때때로 나무에서 떨어진다.

129
□ **figure out**　　　계산해 내다, 생각해 내다

❖ Figure out how much it will cost.
비용이 얼마인지 계산해 주시오.

130
□ **first of all**　　　무엇보다 먼저

❖ First of all, let's eat something.
먼저 뭣 좀 먹읍시다.

131

□ for a long time   오랫동안

❖ She continued working for a long time.
그녀는 오랫동안 일을 계속했다.

132

□ for a moment   잠시 동안(for a while)

❖ Wait here for a moment.
잠시 동안 여기에서 기다려라.

133

□ for example   예를 들면

❖ For example, a whale is not fish.
예를 들면, 고래는 물고기가 아니다.

134

□ for joy   기뻐서

❖ I cannot contain myself for joy.
기뻐서 못 견디겠다.

135

□ for one thing ~ for another   첫째로는 ~ 둘째로는

❖ For one thing I don't have money, for another I am too old.
우선 첫째로 나는 돈이 없고, 또 다음에는 나이도 너무 많다.

136

□ for one's life   필사적으로

❖ He ran for his life.
그는 필사적으로 달렸다.

137

□ for oneself   자신의 힘으로

❖ You must do it for yourself.
너는 자신의 힘으로 해야 한다.

138
□ for the first time   처음으로

❖ I visited Kyungju for the first time.
나는 처음으로 경주에 갔다.

139
□ for this purpose   이 목적을 위하여

❖ I bought a book for this purpose.
나는 이 목적을 위하여 책을 샀다.

140
□ frankly speaking   솔직히 말한다면

❖ Frankly speaking, what he said is right.
솔직하게 말하자면 그가 한 말은 옳다.

141
□ generally speaking   일반적으로 말한다면

❖ He is, generally speaking, a very kind man. 일반적으로 말한다면 그는 매우 친절한 사람이다.

142
□ get ~ in time   제때에 도착하다

❖ I got there just in time.
그곳에 정시에 도착했다.

143
□ get away   ~에서 떠나다

❖ It's great to get away from the city.
도시에서 멀리 떠나니까 참 좋아.

144
□ get back   되찾다

❖ The old man got back his sight.
그 노인은 시력을 되찾았다.

145

☐ **get down on one's knees**　무릎을 꿇다

❖ Get down on your knees.
무릎을 꿇어라.

146

☐ **get dressed**　옷을 차려 입다

❖ Please hurry up and get dressed.
서둘러 옷을 입으세요.

147

☐ **get into**　～속으로 들어가다

❖ This is the line to get into the theater.
극장에 들어가는 줄이에요.

148

☐ **get married**　결혼하다

❖ She will get married to him soon.
그녀는 곧 그와 결혼할 것이다.

149

☐ **get off**　(차에서) 내리다

❖ The people are getting off the subway.
사람들이 지하철에서 내리고 있다.

150

☐ **get on**　타다

❖ People are getting on taxis.
사람들이 택시에 타고 있다.

151

☐ **get ready for**　～의 준비를 하다

❖ My sister gets ready for the trip.
나의 누나는 여행 준비를 한다.

152

☐ **get rid of**　～을 제거하다, ～을 없애다

❖ You must get rid of bad habits.
나쁜 습관을 없애야 한다.

153
□ **get to**　　　　　　～에 도착하다

❖ You will get to the village in an hour.
너는 한 시간 안에 그 마을에 도착할 것이다.

154
□ **get together**　　　함께 모이다

❖ All the family get together in the evening.
모든 식구들이 저녁에 함께 모인다.

155
□ **get up**　　　　　　(잠자리에서) 일어나다

❖ I get up at six every morning.
매일 아침 6시에 일어난다.

156
□ **get well**　　　　　(병이) 낫다

❖ She will get well soon.
그는 곧 병이 나을 것이다.

157
□ **give a big hand**　박수 갈채를 보내다

❖ Let's give her a big hand.
그녀에게 큰 박수를 보내주자

158
□ **give a shot**　　　주사를 놓다

❖ The nurse gave me a shot.
간호원이 나에게 주사를 놓았다.

159
□ **give birth to**　　(아기를) 낳다

❖ She gave safe birth to a boy.
무사히 남아를 해산했다.

160
□ **give in**　　　　　양보하다

❖ Even though you don't like my idea I will not give in.

너는 내 생각을 좋아하지 않지만 나는 양보하지
않겠다.

161
□ **give up**　　　포기하다, 단념하다(abandon)

❖ Don't give up your dream.
네 꿈을 포기하지 마라.

162
□ **glad to meet you**　만나서 기뻐

❖ I am glad to meet you.
만나서 반가워.

163
□ **go for a ride**　　타러 가다, 드라이브하러 가다

❖ Why don't we go for a bike ride today?
오늘 자전거 타러 가지 않을래?

164
□ **go on ~ing**　　계속 ~하다

❖ She went on singing late into the
night.
그녀는 밤늦도록 계속 노래를 불렀다.

165
□ **go on a picnic**　소풍가다(go for a picnic)

❖ I will go on a picnic tomorrow.
나는 내일 소풍을 갈 것이다.

166
□ **go on with**　　~을 계속하다

❖ He went on with his work.
그는 일을 계속했다.

167
□ **go to sea**　　선원이 되다

❖ Columbus went to sea at fourteen.
콜롬부스는 14세에 선원이 되었다.

168
☐ **go to work**　　일하러 가다

❖ He goes to work early in the morning.
그는 아침 일찍 일터에 나간다.

169
☐ **graduate from**　　~를 졸업하다

❖ When did you graduate from middle school?
언제 중학교를 졸업하셨나요?

170
☐ **grow up**　　성장하다

❖ If you grow up, you will understand it.
네가 성장하면 그것을 이해할 것이다.

171
☐ **guard against**　　~로부터 지키다

❖ He guarded the building against thieves.
그는 도둑들로부터 그 빌딩을 지켰다.

172
☐ **had better ~**　　~하는 것이 좋다

❖ You had better see a doctor at once.
곧 병원에 가보는 게 낫겠다.

173
☐ **hang up**　　(벽 등에) 걸어 놓다

❖ Hang up your shirt on the hanger.
네 셔츠를 옷걸이에 걸어라.

174
☐ **have ~ stolen**　　~을 도난당하다

❖ The man had his wallet stolen.
그 남자는 지갑을 도난당했다.

175
☐ **have a good ear**　～을 잘 이해하다

❖ She has a good ear for music.
그녀는 좋은 음감을 가지고 있다.

176
☐ **have a good time**　즐거운 시간을 보내다

❖ They had a good time at the party.
그들은 파티에서 즐거운 시간을 가졌다.

177
☐ **have fun**　재미있게 놀다

❖ Did you have fun at the party?
파티는 재미있었니?

178
☐ **have got to**　～해야 한다(have to)

❖ I've got to leave earlier.
나는 더 일찍 떠나지 않으면 안 된다.

179
☐ **have nothing to do with**　～와는 아무 관계가 없다

❖ I have nothing to do with it.
나는 그것과 전혀 관계없다.

180
☐ **have something to do with**　～와 관계가 있다

❖ His disease has something to do with this accident.
그의 병은 이 사고와 관계가 있다.

181
☐ **have to ~**　～해야 한다(must)

❖ You have to leave early.
일찍 출발해야 한다.

182
☐ **head for**　～로 향하여 가다

❖ Where are you heading for?
어디를 향하여 가고 있습니까?

183
□ **hear about**　　　　　~에 대하여 듣다

❖ Have you heard about Hamlet?
너는 햄릿에 관하여 들은 적이 있느냐?

184
□ **hear of**　　　　　~의 소식을 듣다

❖ Have you ever heard of him?
너는 그의 소식을 들은 적이 있느냐?

185
□ **help ~ with ~**　　　　~에게 ~을 돕다

❖ My brother helps me with my homework. 형이 나의 숙제를 도와준다.

186
□ **help oneself**　　　(음식을) 마음껏 들다

❖ Please be seated and help yourself.
어서 앉아서 음식 좀 드세요.

187
□ **here**　　　　　(문두에서) 자 여기에

❖ Here you are.
자 여기 있습니다.

188
□ **here we are**　　　　자 도착했다

❖ Here we are at the school.
자, 학교에 다 왔다.

189
□ **hit ~ on the shoulder**　　어깨를 맞히다

❖ A snowball hit him on the shoulder.
눈덩이가 그의 어깨를 맞혔다.

190
□ **hold ~ by the arm**　　　팔을 잡다

❖ He held the boy by the arm.
그는 소년의 팔을 잡았다.

191
□ hold out

내밀다

❖ One man holds out his hand to another.
한 사람이 상대에게 손을 내민다.

192
□ How about ∼? ∼은 어떻게 생각하는가?

❖ I like music. How about you?
난 음악이 좋아. 넌 어때?

193
□ how much

얼마

❖ How much is this pen?
이 펜은 얼마입니까?

194
□ I bet ∼

틀림없이 ∼라고 생각한다

❖ I bet it will rain tonight.
오늘밤은 틀림없이 비가 올 것이라고 생각한다.

195
□ if necessary

필요하다면

❖ I'll give you her picture if necessary.
필요하다면 그녀의 사진을 주겠다.

196
□ in a hurry

서둘러, 급히

❖ He was in a hurry to go home.
그는 서둘러 집으로 갔다.

197
□ in all

모두, 도합

❖ This hotel has thirty rooms in all.
이 호텔은 도합 30개의 방이 있다.

198
□ in common

공통적인

❖ He and I have nothing in common.
그와 나에게는 공통되는 점이 하나도 없다.

199
□ **in danger** 위태로운

❖ He is in danger of losing his family members.
그는 가족들을 잃을 위험에 처해 있다.

200
□ **in fact** 사실은(as a matter of fact)

❖ In fact he is very wise.
사실 그는 매우 현명하다.

201
□ **in front of** ~의 앞에

❖ There is a pond in front of the house.
집 앞에는 연못이 있다.

202
□ **in good health** 건강이 좋은

❖ His parents are in good health.
그의 부모님은 건강하다.

203
□ **in great astonishment** 대단히 놀라서

❖ She listened to his story in great astonishment.
그녀는 대단히 놀라며 그의 이야기를 들었다.

204
□ **in less than a minute** 순식간에

❖ In less than a minute, he grew into a giant.
순식간에 그는 거인으로 변하였다.

205
□ **in line** 줄을 서서

❖ You have to wait in line at the station.
정거장에서는 줄을 서서 기다려야 한다.

206
□ **in memory of**　～을 기념하여

❖ I send you this card in memory of our meeting.
우리의 만남을 기념하며 이 카드를 네게 보낸다.

207
□ **in need of**　필요로 하다

❖ The old house is in need of repairing extensively.
그 고옥은 대대적으로 수리할 필요가 있다.

208
□ **in order to ~**　～하기 위하여

❖ I studied very hard in order to pass the exam.
나는 시험에 합격하기 위하여 매우 열심히 공부했다.

209
□ **in other words**　바꿔 말하면

❖ In other words, he is a little foolish.
바꿔 말하면 그는 조금 어리석다.

210
□ **in search of**　～을 찾아서, ～을 추구하여

❖ The birds flew in search of food.
새들은 먹이를 찾아서 날아갔다.

211
□ **in short**　한마디로 해서, 요컨대

❖ In short, Life is short, art is long.
요컨대 인생은 짧고 예술은 길다는 것이다.

212
□ **in some ways**　몇 가지 점에서

❖ They are different in some ways.
그들은 몇 가지 점에서 다르다.

213
□ in the beginning 처음에는

❖ In the beginning, nobody knew he was mad.
처음에는 아무도 그가 미쳤다는 사실을 몰랐다.

214
□ in the course of ~의 과정에서

❖ In the course of industrial development, people often hurt nature.
산업 발달의 과정에서 사람들은 종종 자연을 해친다.

215
□ in the future 장차, 미래에

❖ She will become a great painter in the future.
그 여자는 장차 훌륭한 화가가 될 것이다.

216
□ in the middle of ~의 한가운데에

❖ He is standing in the middle of the playground. 그는 운동장 한가운데에 서 있다.

217
□ in the same way 같은 방법으로

❖ You can answer in the same way.
같은 식으로 대답하면 된다.

218
□ in this way 이런 방식으로

❖ I'm going to help you in this way.
나는 이런 방식으로 너를 돕고자 한다.

219
□ in vain 헛되게

❖ She tried to save the boy, but it was in vain.
그녀는 그 소년을 구출하려고 했으나 헛된 일이었다.

220
□ **instead of**   ∼대신에

❖ Instead of playing soccer, I went swimming.
축구하는 대신에 나는 수영하러 갔다.

221
□ **It seems that ∼**   ∼처럼 보이다, ∼한 듯하다

❖ It seems that they are happy.
그들은 행복한 것처럼 보인다.

222
□ **jump over**   뛰어넘다

❖ The horse jumped over the fence.
말이 울타리를 뛰어넘었다.

223
□ **just as**   ∼대로 꼭 같이, ∼와 꼭 마찬가지로

❖ Do just as I do.
내가 행하는 대로 꼭 같이 행하여라.

224
□ **keep a diary**   일기를 쓰다

❖ Tom keeps a diary every day.
톰은 매일 일기를 쓴다.

225
□ **keep A from ∼ing**   A로 하여금 ∼하지 못하게 하다

❖ A bad cold kept him from going out.
독감 때문에 그는 외출을 못하였다.

226
□ **keep on ∼ing**   계속 ∼하다

❖ They kept on running.
그들은 계속하여 달렸다.

227
□ **keep ∼ in mind**   명심하다

❖ Keep my name in mind.
내 이름을 명심하시오.

228
□ **keep out**

막다

❖ Danger! Keep out!
위험! 들어가지 마시오.

229
□ **last year**

작년에

❖ Mr. Brown came to Korea last year.
브라운씨는 작년에 한국에 왔다.

230
□ **later on**

나중에

❖ You will find it true later on.
너는 나중에 그것이 사실이라는 것을 알게 될
거야.

231
□ **laugh at**

~을 비웃다, ~을 듣고 웃다

❖ They all laughed at my idea.
그들 모두는 내 의견을 비웃었다.

232
□ **leave for**

~을 향하여 떠나다

❖ I'm going to leave for Pusan today.
나는 오늘 부산으로 떠날 것이다.

233
□ **lie awake**

뜬눈으로 날을 새다

❖ The noise made me lie awake that
night.
그 날 밤 소음 때문에 나는 뜬눈으로 밤을 지새
웠다.

234
□ **lie down**

드러눕다

❖ Let's lie down on the grass.
풀밭에 드러눕자.

235
□ line up
한 줄로 서다, 정돈하다

❖ We must line up to buy the ticket.
입장권을 사려면 줄을 서야 한다.

236
□ listen to
~을 경청하다

❖ You must listen to your teacher.
선생님 말씀을 귀담아 들어야 한다.

237
□ look ~ in the eyes   ~의 눈을 들여다보다

❖ He looked her in the eyes.
그는 그녀의 눈을 들여다보았다.

238
□ look down one's nose at   ~을 깔보다

❖ You must not look down your nose at the weak.
약한 사람들을 깔보아서는 안 된다.

239
□ look for
~을 찾다

❖ What are you looking for?
무얼 찾고 있니?

240
□ look into
~을 들여다 보다

❖ They looked into the store.
그들은 가게 안을 들여다 보았다.

241
□ look like
~을 닮다

❖ Tom looks like her mother.
톰은 엄마를 닮았다.

242
□ look over
훑어보다

❖ Will you look over my paper?
나의 논문을 훑어보아 주시겠습니까?

243
□ **look to** ~쪽을 보다

❖ He looked to the left.
그는 왼쪽을 보았다.

244
□ **lots of** 많은(many)

❖ Lots of roses were in the garden.
정원에는 수많은 장미가 있었다.

245
□ **make a fire** 불을 피우다

❖ We had to make a fire in the woods.
우리들은 숲 속에서 불을 피워야만 했다.

246
□ **make A of B** B로 A를 만들다

❖ We make desks of wood.
나무로 책상을 만든다.

247
□ **make a plan** 계획을 세우다

❖ We made a plan to help him.
우리들은 그를 도와 줄 계획을 세웠다.

248
□ **make a speech** 연설을 하다

❖ He made a speech at the meeting.
그는 그 모임에서 연설을 했다.

249
□ **make a telephone call** 전화를 걸다

❖ Mr. Brown makes a telephone call
to his Korean friend.
브라운 씨는 그의 한국인 친구에게 전화를 건다.

250
□ **make an appointment with** ~와 약속을 하다

❖ I made an appointment with Jane at
five.

나는 다섯 시에 제인과 만날 약속을 했다.

251
□ **make friends with**　친하게 사귀다

❖ She made friends with everybody.
그는 누구와도 친하게 지냈다.

252
□ **make sure**　확인하다

❖ Make sure you have enough gas before a long trip.
원거리 여행 전에 충분한 휘발유를 넣었는가 확인하여라.

253
□ **make the bed**　잠자리를 정리하다

❖ Tom, get up and make the bed.
톰, 일어나서 이불 개거라.

254
□ **make up one's mind**　결심하다(decide)

❖ He made up his mind to study harder.
그는 더 열심히 공부할 결심을 하였다.

255
□ **many kinds of**　여러 가지 종류의

❖ There are many kinds of flowers in the garden.
정원에는 다양한 꽃들이 있다.

256
□ **neither A nor B**　A도 아니고 B도 아니다

❖ I can ride neither skate nor ski.
나는 스케이트도 못 타고 스키도 못 탄다.

257
□ **never have to**　조금도 ~하지 않아도 좋다

❖ You never have to worry about it.
너는 그것에 대해 조금도 걱정하지 않아도 좋다.

258
☐ **no longer**   더 이상 ~않다

❖ You are no longer a little boy.
너는 더 이상 어린아이가 아니다.

259
☐ **not ~ any longer**   더 이상 ~아니다

❖ I cannot stay here any longer.
더 이상 여기 머물 수 없다.

260
☐ **not A but B**   A가 아니고 B다

❖ This dictionary is not mine but yours.
이 사전은 내 것이 아니고 네 것이다.

261
☐ **not only A but also B**   A뿐 아니라 B도

❖ She is not only pretty but also clever.
그 여자는 예쁠 뿐만 아니라 똑똑하다.

262
☐ **nothing but**   다만

❖ We saw nothing but white clouds in the sky.
하늘엔 다만 흰 구름만이 보였다.

263
☐ **now that**   ~한 이상

❖ Now that she has got well, she can go with us.
몸이 나은 이상 그녀도 우리와 함께 갈 수 있다.

264
☐ **of course**   물론

❖ Of course, time is more than money.
물론 시간은 금전 이상의 것이다.

265
☐ **of itself**　　저절로

❖ The door opened of itself.
문이 저절로 열렸다.

266
☐ **on board**　　승선하다

❖ It's time to get on board.
승선할 시간이 됐다.

267
☐ **on earth**　　도대체

❖ What on earth is the matter?
도대체 무슨 일이냐?

268
☐ **on foot**　　걸어서, 도보로

❖ I went there on foot.
나는 도보로 거기에 갔다.

269
☐ **on one's way back home**　　집에 돌아가는 도중에

❖ On my way back home, I met an old friend of mine.
집에 돌아오는 중에 나는 옛날 친구를 만났다.

270
☐ **on the other hand**　　한편, 그와 반대로

❖ I like math. On the other hand, she likes English.
나는 수학을 좋아한다. 한편 그녀는 영어를 좋아한다.

271
☐ **on the other side of**　　~의 건너편에

❖ He saw the bus on the other side of the street.
그는 도로 건너편에 있는 버스를 보았다.

272
□ **on time**　　　　정각에

❖ The train arrived at Seoul station on time.
기차는 정시에 서울역에 도착했다.

273
□ **on vacation**　　　휴가 중에

❖ My father went to Japan on vacation.
아버지는 휴가 중에 일본에 가셨다.

274
□ **once upon a time**　　옛날에

❖ Once upon a time there lived a old man in the woods.
옛날에 그 숲 속에 한 노인이 살고 있었다.

275
□ **one after another**　　하나씩 차례로

❖ He read one letter after another carefully.
그는 한 자씩 차례로 주의 깊게 읽었다.

276
□ **one another**　　　서로

❖ The three brothers helped one another.
그 삼 형제는 서로 도왔다.

277
□ **one by one**　　　하나씩

❖ He dropped stones one by one into the box.
그는 상자 속에 돌멩이를 하나씩 떨어뜨렸다.

278
□ **or more**　　　～이상

❖ We ate ten or more apples.
우리들은 사과를 10개 이상 먹었다.

279

□ **or so** ~정도

❖ I'll wait for an hour or so.
나는 한 시간 정도 기다리겠다.

280

□ **other than** ~을 제외하고(except)

❖ Other than Seoul, Pusan is the largest
city in Korea.
서울을 제외하고 부산은 한국에서 가장 큰 도시
이다.

281

□ **over there** 저쪽에

❖ Who is the lady over there?
저기 있는 숙녀는 누구지?

282

□ **owe A to B** A는 B의 덕분이다

❖ I owe my success to my mother.
나의 성공은 어머니의 덕택이다.

283

□ **pass through** 통과하다

❖ The train passed through the tunnel.
그 열차는 터널을 통과하였다.

284

□ **pay attention to** ~에 주의를 기울이다

❖ Please pay attention to what I say.
내가 하는 말에 주의를 기울여 주세요.

285

□ **pay off** (빚을) 갚아 버리다

❖ He will pay off his debt this year.
그는 올해에는 빚을 갚을 것이다.

286
□ **pick up**   (도중에서) 차에 태우다, (물건을) 집어들다

❖ I'll pick you up there at three.
3시에 거기로 데리러 갈게.

287
□ **play a joke on**   ~를 놀리다

❖ Don't play a joke on him.
그를 놀리지 말아라.

288
□ **play a trick on**   ~에게 장난질치다

❖ No one could play a trick on him.
아무도 그에게 장난질치지 못했다.

289
□ **plenty of**   많은

❖ There are plenty of things in this shopping center.
이 쇼핑 센터에는 많은 물건들이 있다.

290
□ **point of view**   관점

❖ You can understand it from another point of view.
너는 또 하나의 다른 관점에서 그것을 이해할 수 있다.

291
□ **pull out**   (마개 따위를) 뽑다

❖ He wasn't ready to pull out his sword.
그는 그의 칼을 빼낼 준비가 되어 있지 않았다.

292
□ **put ~ on**   ~을 조롱하다

❖ You always try to put me on.
너는 늘 나를 조롱하려고 들어.

293

□ **put away** 치우다

❖ Put away this chair.
이 의자를 치워라.

294

□ **put on** 입다, (모자 등을) 쓰다

❖ Don't put on your cap in the room.
실내에서는 모자를 쓰지 말아라.

295

□ **put out** (불을) 끄다

❖ The man put out the fire with water.
그 사람은 물로 불을 껐다.

296

□ **put up** (텐트 등을) 치다

❖ We put up a tent in the mountain.
우리들은 산 속에 텐트를 쳤다.

297

□ **remind A of B** A에게 B를 회상하게 하다

❖ The man reminded me of my dead father.
그 사람은 나에게 돌아가신 아버지를 회상하게 했다.

298

□ **right now** 지금 당장

❖ Go and see right now.
지금 당장 가 보아라.

299

□ **run a business** 사업을 경영하다

❖ His father runs a small business.
그의 아버지는 작은 사업을 하고 계신다.

300
□ **run for** 출마하다

❖ Who will run for president?
누가 대통령으로 출마할 것인가?

301
□ **run into** ~와 충돌하다, ~와 우연히 만나다

❖ John ran into Mary one day.
어느 날 존은 메리와 우연히 만났다.

302
□ **run out of** 다 떨어지다, 다 써버리다

❖ The car ran out of gas.
그 자동차는 휘발유가 다 떨어졌다.

303
□ **run over** (차가) 치다

❖ A car ran over a dog.
자동차가 개를 치었다.

304
□ **say good-bye** 이별을 고하다

❖ Let's say good-bye.
이제 헤어집시다.

305
□ **see off** ~을 전송하다

❖ I went to the station to see her off.
나는 그녀를 전송하기 위하여 정거장으로 갔다.

306
□ **set out** (배 등이) 출발하다

❖ We set out on the twelfth.
우리들은 12일에 출발하였다.

307
□ **set up** (벽 등에) 걸다

❖ Please set up the paintings against the wall.
그 그림들을 벽에 걸어 주세요.

308
□ **shake hands**　　악수하다

❖ Let's shake hands and be friends.
악수하고 사이좋게 지내자.

309
□ **show around**　　안내하다

❖ In-ho wants to show me around.
인호는 나를 안내하고 싶어한다.

310
□ **show up**　　나타나다

❖ We invited him to the party, but he did not show up.
우리는 그를 파티에 초대했으나 나타나지 않았다.

311
□ **shut out**　　막다, 차단하다

❖ He asked me to shut them out.
그는 나에게 문을 닫아 그들이 못 들어오도록 해달라고 요청했다.

312
□ **side by side**　　옆으로 나란히

❖ The soldiers are marching side by side.
병사들이 옆으로 나란히 행진하고 있다.

313
□ **slow down**　　속도를 늦추다

❖ I slow down when the light is yellow.
나는 황색 신호등이 켜지면 속도를 늦춘다.

314
□ **so ~ that**　　매우 ~이기 때문에 ~하다

❖ I'm so tired that I can not study tonight.
나는 매우 피곤하기 때문에 오늘밤은 공부할 수 없다.

315
□ **so far**　　지금까지

❖ I have got one letter from him so far.
나는 지금까지 그로부터 편지 한 통을 받았다.

316
□ **so that ~ can**　　～할 수 있도록

❖ Get up early so that you can see the
sun rise.
해가 뜨는 것을 볼 수 있도록 일찍 일어나거라.

317
□ **so that ~ may**　　～하기 위하여

❖ Study hard so that you may succeed.
성공하기 위하여 열심히 공부하여라.

318
□ **some day**　　언젠가는

❖ Some day I will help you.
언젠가는 내가 너를 도와주겠다.

319
□ **speak well of**　　～을 자랑하다

❖ Do not speak well of yourself.
네 자신의 자랑을 하지 말아라.

320
□ **stand for**　　～을 나타내다, 상징하다

❖ The fifty stars on an American flag
stand for the fifty states.
미국 국기의 50개의 별은 50개의 주를 나타
낸다.

321
□ **stay in bed**　　자리에 누워 있다

❖ I stayed in bed all day.
나는 하루종일 누워 있었다.

322

□ **such ~ that**   ~ 매우 ~이므로 ~하다

❖ He is such a good boy that everybody likes him.
그는 매우 선량한 소년이기 때문에 누구나 그를 좋아한다.

323

□ **such as**   ~와 같은(like)

❖ We saw several animals such as bears, lions and elephants.
우리는 곰, 사자, 코끼리와 같은 동물들을 보았다.

324

□ **take ~ to ~**   ~를 ~로 데려가다

❖ Will you take me to the supermarket?
슈퍼마켓까지 데려다 줄래?

325

□ **take a bath**   목욕하다

❖ She went out to take a bath.
그녀는 목욕을 하기 위하여 나갔다.

326

□ **take a look at**   ~을 힐끗 바라보다

❖ The teacher took a look at her and went out. 선생님은 그녀를 힐끗 바라보고 밖으로 나가셨다.

327

□ **take a picture**   사진을 찍다

❖ Let's take a picture here.
여기에서 사진을 찍자.

328

□ **take a rest**   휴식을 취하다

❖ We stopped to take a rest under the big tree. 우리는 그 큰 나무 밑에서 잠시 쉬기 위하여 걸음을 멈추었다.

329
□ take a swim
수영을 하다

❖ Let's take a swim.
수영하자

330
□ take back
되찾아오다

❖ She went out to take back her dress.
그녀는 드레스를 되찾아오기 위하여 나갔다.

331
□ take care of
~을 돌보다

❖ Your aunt will take care of the birds.
너의 숙모님이 새들을 돌보아 줄 것이다.

332
□ take it easy
푹 쉬다, 여유를 갖다

❖ I advise you to take it easy for three days at home.
3일 동안 집에서 푹 쉬기를 충고합니다.

333
□ take off
(비행기가) 이륙하다

❖ The plane took off an hour ago.
비행기가 한 시간 전에 이륙했다.

334
□ take off
벗다(put on : 입다)

❖ Take off your shoes in the room.
실내에서는 신을 벗어라.

335
□ take out
꺼내다

❖ Take out your books.
책을 꺼내라.

336
□ take part in
~에 참가하다

❖ Almost all countries took part in the Seoul Olympic Games.

거의 모든 나라들이 서울 올림픽 경기에 참가하였다.

337
□ **thanks to** ～의 덕택으로

❖ Thanks to her, I like growing flowers very much.
그녀의 덕택으로 나는 꽃 재배하기를 대단히 좋아한다.

338
□ **the day before yesterday** 그저께

❖ I met John the day before yesterday.
나는 그저께 존을 만났다.

339
□ **throw up** 토하다(vomit)

❖ He threw up a couple of times.
그는 두 번 토했다.

340
□ **to one's surprise** 놀랍게도

❖ To my surprise, the box was empty.
놀랍게도 그 상자는 비어 있었다.

341
□ **too ～ to ～** 너무 ～하여 ～할 수 없다

❖ It is too hot to walk.
날씨가 너무 더워서 걸을 수 없다.

342
□ **turn off** (TV, 전등 따위를) 끄다

❖ Why don't you turn the radio off?
라디오 좀 끄지 그래.

343
□ **turn on** (라디오 따위를) 켜다

❖ Turn the TV on.
텔레비전을 켜라.

344
□ **upon ~ing**　　　　～하자마자

❖ Upon getting out, he went to the park.
그는 나가자마자 공원으로 갔다.

345
□ **upside down**　　　거꾸로

❖ The planes were printed upside down.
비행기들이 거꾸로 인쇄되었다.

346
□ **used to ~**　　　　과거에 ～하곤 했다

❖ He used to be a brave soldier.
그는 이전에는 용감한 군인이었다.

347
□ **wait for**　　　　　～을 기다리다

❖ She is waiting for a bus now.
그녀는 지금 버스를 기다리고 있다.

348
□ **what about**　　　　～은 어떤가?

❖ What about your dad?
아빠는 어때?

349
□ **with interest**　　　흥미 있게

❖ He listened to her story with interest.
그는 그녀의 이야기를 흥미 있게 들었다.

350
□ **work out**　　　　　(문제를) 풀다, 연구해 내다

❖ Scientists are working out problems.
과학자들이 문제를 풀고 있다.

351
□ **worry about**　　　～에 대하여 걱정하다

❖ Don't worry about it.
그건 걱정하지 말아라.

1. 모음

국어	ㅏ	ㅓ	ㅗ	ㅜ	ㅡ	ㅣ	ㅐ	ㅔ	ㅚ	ㅑ	ㅕ	ㅛ	ㅠ	ㅒ	ㅖ	ㅘ	ㅙ	ㅝ	ㅞ	ㅟ	ㅢ
표기법	a	eo	o	u	eu	i	ae	e	oe	ya	yeo	yo	yu	yae	ye	wa	wae	wo	we	wi	ui

2. 자음

국어	ㄱ	ㄲ	ㅋ	ㄷ	ㄸ	ㅌ	ㅂ	ㅃ	ㅍ	ㅈ	ㅉ	ㅊ	ㅅ	ㅆ	ㅎ	ㅁ	ㄴ	ㅇ	ㄹ
표기법	g/k	kk	k	d/t	tt	t	b/p	pp	p	j	jj	ch	s	ss	h	m	n	ng	r/l

3. 국어의 새 로마자표기법 용례

❶ ㄱ, ㄷ, ㅂ, ㅈ은 k, t, p, ch에서 g, d, b, j로 통일

ex) 부산 : Pusan → Busan, 대구 : Taegu → Daegu

(단 ㄱ, ㄷ, ㅂ이 받침에 올 때는 k, t, p로 / 곡성 → Gokseong,
무극 → Mugeuk)

❷ ㅋ, ㅌ, ㅍ, ㅊ은 k', t', p', ch'에서 k, t, p, ch로 변경

ex) 태안 : T'aean → Taean, 충주 : Ch'ungju → Chungju

❸ ㅅ은 sh와 s로 나눠 적던 것을 s로 통일

ex) 신라 : Shilla → Silla, 실상사 : Shilsangsa → Silsangsa

❹ 발음상 혼동의 우려가 있을 때 음절 사이에 붙임표(-)사용

ex) 중앙 : Jung-ang

❺ 성과 이름은 띄어쓰고 이름은 붙여쓰되 음절 사이에 붙임표 사
용 허용

ex) 송나리 : Song Nari(또는 Song Na-ri)

(단 이름에서 일어난 음운변화는 무시 : 김복남 Kim Boknam)

기 수	서 수
1 / one	1st / first
2 / two	2nd / second
3 / three	3rd / third
4 / four	4th / fourth
5 / five	5th / fifth*
6 / six	6th / sixth
7 / seven	7th / seventh
8 / eight	8th / eighth*
9 / nine	9th / ninth*
10 / ten	10th / tenth
11 / eleven	11th / eleventh
12 / twelve	12th / twelfth*
13 / thirteen	13th / thirteenth
14 / fourteen	14th / fourteenth
15 / fifteen	15th / fifteenth
20 / twenty	20th / twentieth*
21 / twenty-one	21st / twenty-first
30 / thirty	30th / thirtieth
40 / forty*	40th / fortieth*
50 / fifty	50th / fiftieth
100 / one hundred	100th / hundredth

100 / one hundred 행 서수 칸 아래:

100th / hundredth
• hundred, thousand, million 등은 앞에 복수의 수가 올 때 복수형으로 하지 않음.
ex) two hundred /
    three thousand
• hundred, thousand 등이 복수형으로 쓰이면 「수백」, 「수천」의 뜻을 갖는다.
ex) Thousands of people live near the lake.

1. 정수

23 -- twenty-three

99 -- ninety-nine

452 -- four-hundred (and) fifty-two

3,891 -- three-thousand eight-hundred (and) ninety-one

= thirty-eight hundred (and) ninety-one

2,001 -- two thousand (and) one

2. 분수 (분자 : 기수, 분모: 서수로 읽되, 특히 분자가 복수일 때는 분모에 's'를 붙임)

1/3 -- a third　　　　　2/3 -- two-thirds

1/2 -- a(one) half

1/4 -- a(one) quarter　3/4 -- three quarters

3. 소수 (정수 : 일반적인 방법, 소수이하 : 한 자리씩)

3.14 -- three point one four

26.43 -- twenty-six point four three

0.195 -- zero point one nine five

4. 연도 (뒤에서 두 자리씩 끊어 읽는다)

1999 -- nineteen ninety-nine

2000 -- (the year) two thousand (cf. Y2K)

2002 -- two thousand (and) two

5. 월일, 시각

April 6 -- April six = April (the) sixth

= the sixth of April

3:00 -- three o'clock (sharp)

3:15 -- three fifteen = a quarter past three

3:30 -- three thirty = a half past three

3:45 -- three forty-five = a quarter to four

6. 전화 번호(한 자리씩 끊어 읽는다)

   443-2868 -- four four three two eight six eight

   712-9200 -- seven one two nine two o[ou] o[ou]

   　　　　　= seven one two nine two double o[ou]

7. 기 타

   Lesson 4 -- Lesson four = the fourth lesson (4과)

   Track 2 -- Track two = the second track (2번 트랙, 2번 홈)

   Gate 34 -- Gate thirty-four (34번 탑승구)

   World War II -- World War two

   　　　　　　= the second World War (2차 세계대전)

   Elizabeth II -- Elizabeth the second (엘리자베스 2세)

형용사 · 부사 변화표

뜻	원 급	비교급	최상급
추운	cold	colder	coldest
소수의	few	fewer	fewest
아주 큰	great	greater	greatest
넓은, 큰	large	larger	largest
바쁜	busy	buiser	busiest
쉬운	easy	easier	easiest
큰	big	bigger	biggest
나쁜, 아픈	bad, ill	worse	worst
좋은, 잘	good, well	better	best
많은	many, much	more	most
적은, 작은	little	less	least
멀리, 먼	far	farther(거리)	further(정도)
		farthest	furthest

뜻	현 재	과 거	과거 분사
…이다	am, are, is	was, were(are)	been
…이 되다	become	became	become
시작하다	begin	began	begun
불다	blow	blew	blown
부수다	break	broke	broken
가져오다	bring	brought	brought
건축하다	build	built	built
사다	buy	bought	bought
잡다	catch	caught	caught
오다	come	came	come
자르다	cut	cut	cut
하다	do, does	did	done
마시다	drink	drank	drunk
운전하다	drive	drove	driven
먹다	eat	ate	eaten
느끼다	feel	felt	felt
찾아내다	find	found	found
잊다	forget	forgot	forgotten, forgot
얻다	get	got	gotten, got
주다	give	gave	given
가다	go	went	gone
가지다	have, has	had	had
듣다	hear	heard	heard
지키다	keep	kept	kept
놓다	lay	laid	laid
떠나다	leave	left	left
빌려주다	lend	lent	lent
눕다	lie	lay	lain
잃어버리다	lose	lost	lost
만들다	make	made	made
만나다	meet	met	met
지불하다	pay	paid	paid
놓다, 두다	put	put	put
읽다	read	read[red]	read[red]
달리다	run	ran	run
말하다	say	said	said

뜻	현 재	과 거	과거 분사
보다	see	saw	seen
보내다	send	sent	sent
흔들다	shake	shook	shaken
보여주다	show	showed	shown
노래하다	sing	sang	sung
앉다	sit	sat	sat
잠자다	sleep	slept	slept
냄새를 맡다	smell	smelt, smelld	smelt, smelled
말하다	speak	spoke	spoken
소비하다	spend	spent	spent
서다	stand	stood	stood
훔치다	steal	stole	stolen
수영하다	swim	swam	swum
잡다,얻다	take	took	taken
가르치다	teach	taught	taught
말하다	tell	told	told
생각하다	think	thought	thought
이해하다	understand	understood	understood
이기다	win	won	won
쓰다	write	wrote	written

불규칙 복수형 명사 변화표

뜻	단 수	복 수
어린이	child	children
발	foot	feet
신사	gentleman	gentlemen
거위	goose	geese
남자	man	men
생쥐	mouse	mice
양	sheep	sheep
이	tooth	teeth
아내	wife	wives
여자	woman	women

1. 자음

알파벳	발음기호	보기
b	[b]	banish, bush, buzz
c	[k]	cake, corn, cane
c	[s]	rice, mice, pencils, difference,
d	[d]	diploma, discount, reduce
f	[f]	flank, flash, knife
g	[g]	ghost, gift, grape, grim
g	[j]	giraffe, cage, generous, gentle, ginger
h	[h]	hospital, husband, heave
j	[dʒ]	juice, join, jerk
k	[k]	kangaroo, kettle, lake
l	[l]	log, logics, lash
m	[m]	microscope, mean, magnet
n	[n]	notion, norm, neutral
p	[p]	ponder, pillar, prudent, stop
q	[k]	quick, quiet, quiver
r	[r]	rest, rabbit, recover, guitar
s	[s]	dress, mouse, house, socks
s	[z]	hose, nose, house, boys
t	[t]	turtle, tax, foot
ch	[tʃ]	cheap, chatter, chief
th	[ð]	these, therefore, thence
th	[θ]	thoughtful, tooth, throng
v	[v]	vigor, vine, drive
w	[w]	waterfall, wave, wheat
x	[k] [ʃ] [z] [éks]	ox, Xerox, X-RAY,
z	[z]	zebra, zigzag, zone

276

2. 모음

알파벳	발음기호	보기
단모음 a	[æ]	can, trap, rabbit
장모음 a	[ei]	rain, bait, tray, race
단모음 e	[e]	met, get, men, net
장모음 e	[i:] -/ea/ʒ /ee/	peek, sweet, wheel, team, read
단모음 i	[i]	pin, rip, spin, pillar, pillow
장모음 i	[ai]	kite, ride, pilot, slide
단모음 o	[o] [ɑ]	hot, rock, socks, sorrow
장모음 o	[ou]-/o/ʒ /oa/	bone, boat, toast, soak
단모음 oo	[u]	book, look, hood, foot
장모음 oo	[u:]	school, pool, boots, zoo
단모음 u	[ʌ]	ultimate, umbrella, unable, cup
장모음 u	[ju:]	mule, fuse, unity, universal
반모음 y	[j]	yacht, yearn, yawn

반대어

단어	뜻	반의어	뜻
absent	결석의	present	출석의
absence	결석	presence	출석
absolute	절대적인	relative	상대적인
abstract	추상적인	concrete	구체적인
active	능동적인	passive	수동적인
add	더하다	subtract	감하다
advance	전진(하다)	retreat	후퇴(하다)
affirmative	긍정적인	negative	부정적인
amateur	초보자	professional	전문가
ancestor	선조	descendant	자손
analysis	분석	synthesis	총합
antipathy	반감	sympathy	동정

단어	뜻	반의어	뜻
Arctic	북극	Antarctic	남극
arrive	도착하다	depart	출발하다
arrival	도착	departure	출발
artificial	인공의	natural	자연의
ascend	올라가다	descend	내려가다
ascent	상승	descent	하락
attach	붙이다	detach	떼다
barren	불모의	fertile	비옥한
bitter	쓴	sweet	달콤한
borrow	빌리다	lend	빌려주다
cause	원인	effect	결과
comedy	희극	tragedy	비극
conceal	숨기다	reveal	나타내다, 드러내다
conservative	보수적인	progressive	진보적인
construction	건설	destruction	파괴
consume	소비하다	produce	생산하다
consumption	소비	production	생산
decrease	감소하다	increase	증가하다
deduce	연역하다	induce	귀납하다
deduction	연역	induction	귀납
deficit	적자	surplus	흑자
demand	수요	supply	공급
discourage	낙담시키다	encourage	격려하다
divorce	이혼	marriage	결혼
dynamic	동적인	static	정적인
ebb	썰물	flow	밀물
emigrate	(타국으로) 이주하다	immigrate	(타국에서의) 이주자
emigrant	(타국으로의) 이민	immigrant	(타국에서의) 이민
empty	비어있는	full	가득한
entrance	입구	exit	출구
even	짝수의	odd	홀수의
exclude	제외하다	include	포함하다
expenditure	지출	revenue	수입
explicit	명시된	implicit	암시적인
export	수출(하다)	import	수입(하다)
exterior	외부(의)	interior	내부(의)

단어	뜻	반의어	뜻
fail	실패하다	succeed	성공하다
failure	실패	success	성공
fat	살찐	thin	마른, lean 야윈
female	여성	male	남성
feminine	여자다운	masculine	남자다운
former	전자의	latter	후자의
gain	얻다	lose	잃다
gain	이익	loss	손실
guilty	유죄의	innocent	무죄의
guilt	유죄	innocence	무죄
heaven	천국	hell	지옥
hope	희망	despair	절망
horizontal	수평의	vertical	수직의
huge	거대한	tiny	작은
income	수입	outgo	지출
inferior	하급의	superior	상급의
liquid	액체의	solid	고체의
loose	풀린	tight	난단히 맨
majority	다수	minority	소수
major	다수의	minor	소수의
maximum	최대	minimum	최소
negative	소극적인, 부정의	positive	적극적인, 긍정의
object	객관	subject	주관
objective	객관적인	subjective	주관적인
optimism	낙관주의	pessimism	비관주의
plural	복수의	singular	단수의
poverty	빈곤	wealth	부유
practice	실행	theory	이론
private	사적인	public	공공의
prose	산문	verse	운문
punishment	벌	reward	상
quality	질	quantity	양
quiet	조용한	noisy	시끄러운
rural	시골의	urban	도시의
thick	두껍다	thin	얇다
virtue	미덕	vice	악덕

A burnt child dreads the fire.	자라보고 놀란 가슴 솥뚜껑 보고 놀란다.
A cat has nine lives.	쉽사리 죽지 않는다.
A friend in need is a friend indeed.	어려울 때 친구가 진정한 친구이다.
A guilty conscience needs no accuser.	도둑이 제 발 저린다.
A heavy purse makes a light heart.	지갑이 든든하면 마음이 가벼워진다.
A leopard can't change its spots.	본성은 고치지 못한다.
A little knowledge is dangerous.	선무당이 사람 잡는다.
A miss is as good as a mile.	오십 보 백 보.
A pie in the sky.	그림의 떡.
A piece of cake.	누워 떡먹기.
A poor musician blames his instrument.	서툰 직공이 연장을 탓한다.
A rolling stone gathers no moss.	한 우물을 파라.
A sound mind in a sound body.	건강한 신체에 건전한 정신.
A trouble shared is a trouble halved.	함께 한 고통은 반으로 준다.
A watched pot never boils.	일을 서두르지 마라.
Absence makes the heart grow fonder.	안 보면 그립게 된다.
Actions speak louder than words.	행동이 말보다 낫다.
After the storm comes the calm.	태풍이 지나가면 고요함이 따른다.
All roads lead to Rome.	모든 길은 로마로 통한다.
Bad news travels fast.	발 없는 말이 천리 간다.
Barking dogs seldom bite.	짖는 개는 물지 않는다.
Beggars must not be choosers.	거지가 찬밥 더운밥 가릴 수 없다.
Better be alone than in bad company.	나쁜 친구와 있느니 혼자 있는게 낫다.
Birds of a feather flock together.	같은 깃털을 가진 새끼리 모인다.

Call a spade a spade.	이실직고하다.
Cast not your pearls before swine.	돼지에게 진주를 던지지 마라.
Charity begins at home.	자비는 가정에서 시작된다.
Climbing a tree to catch a fish.	고기를 잡으러 나무에 오른다.
Clothes make the man.	옷이 날개다.
Cut your coat according to your cloth.	분수에 맞게 살아라.
Dead men tell no tales.	죽은 자는 말이 없다.
Don't count your chickens before they hatch.	병아리가 부화되기 전에 세지 마라.
Don't put all your eggs in one basket.	한 사업에 모든 것을 걸지 마라.
Easier said than done.	행하는 것보다 말하기가 쉽다.
Easy come, easy go.	쉽게 얻은 것은 쉽게 잃는다.
Empty sacks will never stand upright.	수염이 석자라도 먹어야 양반.
Empty vessels make the greatest noise.	빈 수레가 요란하다.
Even Homer sometimes nods.	원숭이도 나무에서 떨어질 때가 있다.
Every dog has his day.	쥐구멍에도 볕들 날이 있다.
Every Jack has his Jill.	짚신도 짝이 있다.
Everything comes to those who wait.	모든 것은 기다리는 자에게 온다.
Fine feathers make fine birds.	옷이 날개다.
Haste makes waste.	서두르면 일을 망친다.
He that thieves an egg will thieve an ox.	바늘 도둑이 소도둑 된다.
Health is better than wealth.	건강이 재산보다 낫다.
Heaven helps those who help themselves.	하늘은 스스로 돕는 자를 돕는다.
Honesty is the best policy.	정직은 최선의 방책이다.
Ignorance is bliss.	모르는 게 약이다.

It takes two to make a quarrel.	손뼉도 마주쳐야 소리난다.
Laughter is the best medicine.	웃음은 명약이다.
Let sleeping dogs lie.	잠자는 개를 내버려 두라.- 긁어 부스럼
Like father, like son.	그 아버지에 그 아들.
Likes attract, dislikes repel.	끼리끼리 모인다.
Little strokes fell great oaks.	열 번 찍어 안 넘어가는 나무 없다.
Lock the stable door after the horse has bolted.	소 잃고 외양간 고친다.
Make hay while the sun shines.	기회를 놓치지 마라.
Many go out for wool and come home Shorn them selves.	혹 떼러 갔다가 혹 붙이고 온다.
Many hands make light work.	백짓장도 맞들면 낫다.
Men and melons are hard to know.	열 길 물속은 알아도 한 길 사람 속은 모른다.
Might is right.	힘이 곧 정의이다.
Misfortune never comes alone.	불행은 겹쳐오기 마련이다.
Money makes money.	돈이 돈을 번다.
Never put off till tomorrow what you can do today.	오늘에 할 일을 내일로 미루지 마라.
No news is good news.	무소식이 희소식이다.
Nothing ventured, nothing gained.	호랑이 굴에 가야 호랑이를 잡는다.
One swallow does not a summer make.	성급히 판단하지 마라.
Opportunity only knocks once.	기회는 한 번만 온다.
Reap what you sow.	뿌린 대로 거두리라.
Rome was not built in a day.	로마는 하루 아침에 이루어지지 않았다. – 大器晚成
Speak of the devil and he will appear.	호랑이도 제말 하면 온다.

Stabbed in the back.	믿는 도끼에 발등 찍힌다.
Step by step one goes far.	천리길도 한 걸음부터.
Still waters run deep.	조용한 물이 깊이 흐른다.
Strike while the iron is hot.	기회를 놓치지 마라.
The crow thinks its own bird white.	고슴도치도 제 새끼는 귀여워한다.
The early bird catches the worm.	일찍 일어나는 새가 벌레를 잡는다.
The good pills are hard to swallow.	좋은 약은 입에 쓰다.
The grass is greener on the other side of the fence.	남의 떡이 더 커 보인다.
The longest way round is the shortest way home.	바쁠수록 돌아가라.
The news spreads fast.	발 없는 말이 천리 간다.
The sparrow near a school sings a primer.	서당개 삼 년이면 풍월을 읊는다.
The walls have ears.	낮말은 새가 듣고 밤말은 쥐가 듣는다.
There is no smoke without fire.	아니 땐 굴뚝에 연기 나랴.
Three women make a market.	여자 셋이 모이면 접시가 깨진다.
Time heals all wounds.	시간이 약이다.
Tomorrow never comes.	오늘 일을 내일로 미루지 마라.
Too many cooks spoil the broth.	요리사가 많으면 국을 망친다.
United we stand, divided we fall.	뭉치면 살고, 흩어지면 죽는다.
Water off a duck? back.	쇠귀에 경 읽기.
Where there is a will, there is a way.	뜻이 있는 곳에 길이 있다.
While there is life, there is hope.	생명이 있는 한 희망이 있다.
You should not burn the candle at both ends.	낭비하지 마라.

Never put off till tomorrow what
you can do today

오늘에 할 일을 내일로 미루지 마라

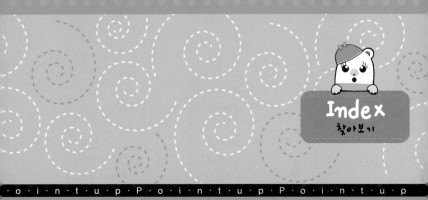

Index
찾아보기

MEMO

MEMO

MEMO

MEMO

MEMO

MEMO

" **An early bird catches the worm**
부지런한 새가 벌레를 잡는다 "